똥둑간 똥쟁이

리토피아신서 · 20

똥둑간 똥쟁이

초판1쇄 인쇄 2018. 06 25 | 발행 2018. 06 30
엮은이 최종인 | 펴낸이 정기옥 | 펴낸곳 리토피아
출판등록 2006. 6. 15. 제2006-12호
주 소 402-013 인천 남구 숭의3동 120-1
전화 032-883-5356 | 전송 032-891-5356
홈페이지 www.litopia21.com | 전자우편 litopia@hanmail.net

ISBN-978-89-6412-098-9 03810

값 12,000원

이 도서의 국립중앙도서관 출판예정도서목록(CIP)은 서지정보유통지원시스템 홈페이지(http://seoji.nl.go.kr)와 국가자료공동목록시스템(http://www.nl.go.kr/kolisnet)에서 이용하실 수 있습니다.(CIP제어번호: CIP2018018728)

최종인 산문집

똥둑간 똥쟁이

머리말

으 응 음, 헉 억 헉, 후 아 아 아 앙, 으음. 우리의 일상적인 삶 속에서 자연스레 흘러나오는 신음소리는 쾌락이든 절망이든 들릴 듯 말 듯 자기도 모르게 흘러 나온다. 그러다 보면 영원히 오지 않을 것 같은 종착지가 어느새 다가와 쿡, 윽, 켁, 엑, 하는 된 발음 몇 음 토해내며 삶을 정리하라 재촉하듯이 우리의 삶은 녹록하지가 않다. 대중가요의 가사나 어른들의 말씀에 이러한 대목이 있다. 세월이 약이겠지요. 허나 방치하는 세월은 약이 아니라 독이 될 수도 있음을 알아야 한다. 지나친 욕심에서 오는 이기심이 그러하다. 현실의 삶이 너무 힘들어서 자기 밖에 모르는 이들이 엉키어 물고 뜯고 할퀸다. 그런 현실로 나아가는 지금 나 또한 펜을 들어 또 다른 혼돈을 주는 것이 아닌가 하는 마음이 들어 살얼음판을 걷는 듯하다. 그러나 이러한 조심스러움이 나를 더욱더 진실함으로 이끌고 간다.

이해를 돕기 위해 올리는 글

지구 위에 있는 모든 사물과, 물, 불, 바람, 또는 살아있는 생명체 모두는 음양의 법칙을 벗어날 수 없다. 지구상에서 벌어지는 모든 현상과 일들은 음양의 발현으로만이 일어나는 것이기에 더욱더 그러하다. 그러므로 음과 양이 떨어져 따로 있음이 아니고 항상 같이 존재하는 것이다. 그러나 우리는 음과 양을 따로따로 생각함으로 인해 많은 실수를 한다. 이 지구상에 양극인 남과 여, 흑과 백, 선과 악 같은 극단적인 발상은 우리의 삶 속에서는 존재할 수 없다. 굳이 있어야 한다면 우리가 알 수 없는 죽음의 세계에서나 가능하다고 말할 수 있다. 또한 이 세상에는 변하지 않는 것이 없듯이 움직이지 않는 것 또한 없다. 이는 살아있음을 뜻하는 것이다. 그러므로 완전한 어둠과 완전한 밝음이 아닐 때만이 우리의 삶이라 할 것이다. 우리는 이러한 삶 속에서 그의 삶을 닮아간다. 또한 끊임없이 생동하며 변화하는 현실 속에는 우리가 전혀 인식하지 못하는 것과 무심이 지나치는 것들 모두가 세상을 조금씩 그리고 완벽하게 다져가고 있음을 알 수 있다.

호리지차차이현격(작은 차이가 나중에는 하늘과 땅의 차이가 된다는 말이다)

옛말에 이런 말이 있다. 臣弑其君 子弑其父 신시기군자시기부 非一旦一夕之事 비일단일석지사 其由來者漸矣기유래자점의 由辨之不早辨也우변지불조변야. 이 말의 뜻은 신하가 임금을 죽이고 자식이 부모를 죽이는 것은 하루아침이나 하루저녁에 이루어진 일이 아니며 먼 곳에서부터 조그민 일들이 차츰차츰 쌓여 일어난 일들이다. 毫釐之差 千里之繆 호리지차 천리지류는 작은 그릇됨이 나중에 돌이킬 수 없음을 정도의 큰차이가 된다. 이렇듯이 우리가 알 수 있는 변화중에는 미세한 변화에서부터 큰 변화에 이르기까지 그 변화의 처음은 미세한 데 있다는 것이다. 그러므로 작은 행동과 작은 언사에 대한 신중함을 발휘하여 이야기하고자 한다.

차례

제3부 말의 힘, 몸의 힘

제5부 역사의 고증 민족

조신인 그들은 누구인가

어느 날 보릿고개를 겪은 어른의 역정 섞인 한마디가 내 귀를 파고든다. “보릿고개도 안 겪은 놈들이 무슨 고생을 안다고. 니들이 피죽을 알어. 꿀꿀이죽을 알어.” 이 시절 피죽이란 너무도 먹을 것이 없는 시절 산에서 자라는 풀이라도 끓여 연명하고자 하는 현실에서 나온 단어이다. 꿀꿀이죽은 그나마 여유로운 이들의 외식거리이다. 나의 어린 시절 어머니의 손을 잡고 따라가서 가끔 먹어본 기억이 난다. 인천 창영동 꿀꿀이골목은 좁고 긴 거리에 꿀꿀이죽을 파는 가게들이 다닥다닥 붙어있었다. 어머니의 손을 잡고 꿀꿀이골목에 들어서면 구수한 냄새가 코를 자극했다. 어머니와 내가 한 그릇을 같이 먹다보면 가끔 담배필터와 이쑤시개가 출몰하기도 했다. 이마저도 먹지 못하고 허리끈을 졸라매던 보릿고개, 그 시절은 포탄의 공격으로 산은 불에 타서 민둥산이 되있고, 그나마 있던 건물들은 모두 부서져 난장판이었던 시절이다. 장비가 없는 우리로서는 치우고 재건한다는 것이 상상이 안 되는 일이었다. 허나 이 모두를 이겨내신 우리의 아버지 어머니들은 이 나라가 가난에서 벗어나기 위해 모든 일을 온몸으로 다 받아내시었다. 그 힘을 축적하시어 세계를 석권할 수 있는 발판을 만들어 주셨다. 그 어느 한 분도 대한민국의 공신이 아닌 이는 없다. 허나 양지가 있으면 음지가 있듯이 대한민국 공신 반열에 오르기에는 충분하고도 남음이 있으나 그들의 삶은 너무도 희생을 강요당했다. 그로 인해 몸과 마음은 피폐함에 그대로 노출될 수밖에 없었기에 자식에게 한 방향으로만 몰아가는 힘을 발휘하게 되었는데 이것이 돈과 권력이다. 우리의 아버지 어머니들은 현실에 순응하며 자식을 지켜 내시었고, 그 세월이 너무나도 버거웠기에 애지중지하는 우리의 자식들을 돈과 권력의 사지로 내몰아 간다. 그렇게 자란 세대가 지금의 50대 중반부터 70대 초반의 부모님 세대이다. 이들은 부모님 등쌀에 정신적 고통을 많이 받으며 꾸준한 도전과 노력으로 지금의 대한민국을 만드는 중간 역할을 충실히 하였다. 허나 이들 또한 부모님의 바램과 사회의 바램을 충족시키기 위해 너무 힘들게 적응한 것이 세상 모두에게 보상받으려고 하는 기질로 들어나게 되는데 이것이 우리의 베이비 붐 세대의 비애이다.

6.25.사변, 고요한 새벽 정적을 깨우는 소리가 우당탕 콰광쾅, 천지를 진동하고 지축을 흔든다. 죽어 널브러져 있는 어미의 품속에는 젖을 빨다 지친 아기의 울음소리가 있고, 파편에 깊게 패인 다리를 부여잡고 어찌 할 바를 모르는 소년의 눈망울 속에는 이런 일들이 왜 일어나야 하는가를 묻는 듯하다. 이렇듯 전쟁은 아비귀환 속에서 우리 국민과는 아무 상관없이 잠시 쉬기로 한다. 북위 38도 선상에 철책이 생기고 그 선을 우리는 휴전선이라고 부른다. 이로 인해 우리의 민족은 둘로 갈라져 서글픈 이산가족을 만들었으며 이 작은

땅 덩어리를 반으로 갈라 남북이라는 두 정부를 만들어내었다. 이에 남한의 정부는 각고의 노력과 많은 시행작오 속에 1987년 우리의 헌법을 제정한다.

헌법 제1조 1항
대한민국은 민주공화국이다.
헌법 제1조 2항
대한민국 주권은 국민에게 있고, 모든 권력은 국민으로부터 나온다.

나는 이 대목을 읽을 때마다 희비가 교차한다. 너무 감동스러워 눈물이 날 지경이고 1세기 가량을 주인으로 살지 못한 세월이 나를 우울하게 한다. 허나 이 또한 개발도상국이라는 딱지를 떼기 위한 필연의 세월이었을 것이라는 생각으로 마음을 추스려 본다.

생각에 골몰하다 잠든 밤 아침에 눈을 뜨면 물밀듯이 들어닥치는 많은 매체들의 무한한 정보는 홍수의 최고봉이라는 노아의 방주를 무색하게 한다. 그 수위가 시공을 넘나들어 시공 단위인 겁과 견주어도 부족함이 없다. 이렇듯 우리 일상 속의 정보는 무한하다. 허나 우리 정보 속에는 자기만이 진정한 정보인 듯 척을 하는 정보 또한 매우 많다. 이러한 정보는 잔디밭에 잔디피와 같은 모습으로 만인을 현혹시키는데 현혹되지 않으려는 이들마저도 자유롭지가 않다.

이렇듯이 척을 하는 이들의 수단은 남을 속이는 것부터 시작하여 남을 파멸에 밀어 넣는 것을 손쉽게 생각하는 부류들이다. 우리는 이들에게 사기꾼이라는 별호를 붙인다. 허나 안타까운 것은 이들 자신도 남을 속이는 것이 파멸로 이끌 수 있음을 모른다는 것이다. 그들 중에는 남을 속임으로써 속임 당한 이들이 파멸에 이를 수 있다는 것을 알면서도 사기를 친다. 이들은 그나마 자각의 범주에는 들어왔으나 바르려고 하는 마음을 갖지 못하였기에 꼭 잡혀야할 부류들이다. 그리고 이들을 제외한 남은 이들은 무지해서도 아니고 무능해서도 아니다. 이들은 선의의 피해자이다. 때론 국가가 때론 가정이 때론 죽을 것 같은 간절함에서 이루어지는 일들이기 때문이다. 우리의 삶이란 저 하나 웃고자 아등바등 살다가 결국에는 남을 울리고 가는 현실에 살고 있다. 그 누가 이들을 나무랄 것인가. 하지만 이것을 반증하듯 갈수록 진보해 가는 사기술은 부자연스러움을 탈피한 채 자연스럽게 우리 주위에 뿌리를 내렸다. 예를 들어보자. 우리는 간첩이라는 말을 많이 쓴다. 북쪽에서 넘어온 간첩은 아무리 위장을 하여도 주의 깊게만 관찰한다면 알 수가 있다. 허나 간첩에게 포섭당한 우리 현지인들은 아무리 세심히 관찰을 해도 알 수가 없다. 단, 이들이 목표가 생겼을 때 그의 본 모습을 들어내듯이 우리사회는 그 누가 어떻게 변할지 모르는 현실에 놓여있다. 이는 치열한 경쟁으로 인해 이기심이 극에 달했다 할 것이다. 이러한 감정은 크면 큰 대로 작으면 작은 대로 한 치의 양보도 없이 자기만의 이익을 위해 움직인다. 이러한 암울한 현실을 살아가는 우리는 한 발 한 발이 살얼음판을 걷는 듯하다. 이렇듯 절망적인 사회만은 아니겠지만 간과할 수 없음은 우리 사회가 왜곡과 남용으로 팽배해져 있기 때문이다. 우리의 일상 속에는 죄는 미워도 사람은 미워하지 말라는 말이 있다. 이 말이 가능한 것은 인간의 정신 속에 이상증세가 와서 자기도 모르게 과오를 저질렀을 때와 죽을 것 같은 절실함에 과오를 저질렀을 때를 말할 수 있다. 이는 인간의 한계를 벗어난 행동이기에 동정을 하는 것이다. 그럼 사기죄란 무엇일까? 남의 생각에 착오를 일으켜 자기의 이득을 챙기는 것을 말한다. 즉 우리의 사회에서 작은 거짓말부터 큰 거짓말에 이르기까지 상대방의 착오를 유발하였고, 그로 인해 자기의 이득이 조금이라도 주어졌다면 죄가 성립된다는 것이다. 그 어느 누가 거짓말을 한 번도 안하고 사는 삶이 어디 있단 말인가. 선의의 거짓말이든 악의의 거짓말이든 사기죄의 개념은 너무도 광범위하여 21세기를 사는 모든 이들은 자유로울 수 가 없다. 그럼에도 우리 사회는 책임질 수 없는 말을 남발하고 있다. 대표적인 것을 들어보자. 정치인들의 공약성발언, 사업가들의 과장된 광고, 의사들의 실적을 위한 진료, 검찰의 권력과의 결탁, 선생은 촌지를 받아들며 우리 국민의 마음을 구렁텅이로 몰아간다. 미꾸라지 한 마리가 온 강물을 흐린다고 했던가. 지금은 이러한 속담이 무색하게 우리의 환경은 금전 만능주의와 편안함의 쾌락에 젖어 나라를 위태롭게 하는 지경에 이르렀다. 이는 세계 각 나라마다 대외적으로 내보이는 나라의 정의가 무너져가고 있다는 것이다. 거기에 발맞출 수밖에 없는 우리 국민들은 올바른 사람은 더욱더 어려워지고, 수단과 방법을 가리지 않고 돈만 챙기는 사람들의 사회로 변해가고 있다. 우리가 여기서 멈추지 않으면 더 이상 돌이킬 수 없는 상황에 봉착할 것이다. 멈춤, 돌아봄, 조금은 덜 편하게 자기를 냉철하게 바라보고 남에게는 약간의 배려와 불쌍히 여기는 애정을 국민 개개인의 마음속에 간직하지 못한다면 우리의 미래는 없을 것이다. 또한 우리 경제의 핵심단어인 빨리빨리는 짧은 기간 안에 세계의 유래가 없는 발전을 이끌어가는 동력이며 경제발전에 단초가 되었다. 이는 모든 산업분야에서부터 과학기술 분야인 IT산업에 이르기까지 엄청난 발전으로 인해 대한민국 국민의 우수성을 나타냈으나 이로 인해 우리에게는 또 다른 면의 세계제일이 등장을 하는데 그것은 자살률 1위, 교통사고 1위, 이혼률 1위이다. 더 나아가서는 밥도 제일 빨리 먹고 성격도 제일 급하다는 것이다. 급한 성격은 많은 실수를 만들었으나 그로 인해 이루어진 결실은 다른 나라에게 도움을 받던 나라에서 도움을 주는 나라로 바뀌었다는 것이다. 이러한 환경이 오기까지는 우리의 삶 자체가 울고 웃고의 끝장판이라고 할 수 있다. 울어야 하는 노동의 아픔에 국민들의 마음은 피폐해져 가고, 그 마음이 동하여 가정에는 자식을 남보다 잘 가르치기 위해 자식을 다그치고, 직장에선 "그러니까 네가 진급을 못하는 거야"라고 무시하고, 사회는 결과로만 사람을 판단하는 잘못된 악순환은 지금의 냉정한 사회로 가속화 시켰다. 이는 우리 역사를 되돌아보며 지켜야 할 것과 고쳐야할 것, 고려해야 할 것을 등화시한 결과이다. 그럼 우리의 옛 정서는 어떠하였는가. 우리의 오랜 역사는 꾸준히 아주 조금씩 변화 발전하였다. 이 말은 누가 신경을 쓰지 않았으나 신중한 검증과 이해를 바탕으로 때론 격동적이며 때론 온순함이 조화를 이루어 아주 조금씩 탄탄한 기초를 갖추면서 부족한 것을 보안해 나간다는 말과 같다. 이것이 경험치가 되어 나라의 기틀을 견고하게 하였다. 그러기에 우리의 오래된 문화는 그 자체만으로도 세계 최고일 수밖에 없는 것이 기정 사실이다. 우리의 역사를 단기로 보면 어언 5000년이고 고전역사책인 환단고기로 보면 어언 1만년의 역사를 고증할 수 있다.

이러한 우리 국민들 개개인은 역사의 시공을 거쳐 이루어 낸 유전인자를 가지고 태어났다. 그 유전인자의 수준은 성인 반열에 준하는 것이다. 옛 어느 성인이 초등학생들도 다 아는 지구가 둥근 것과 우주의 현상에 대에 알고 있었는가. 우리는 학교나 방송매체를 통해 여러 성인들의 지식을 들었고 학습을 하였으며 각자의 판단에 맞추어 자기의 뜻을 펼치며 살고 있다. 어찌 옛 성인보다 못 하다고 할 것인가. 이는 진화함에 있어 동물과 사람의 중간인 인간에서 머물지 않고 사람, 즉 성인으로 거듭 태어나고 있다는 반증이라 할 것이다. 그러나 우리 스스로가 멈출 수 있는데도 멈추지 아니하고, 참을 수 있는 데도 참지 않는다는 것은, 잘잘못을 알면서도 자기가 바라는 방향으로만 선택을 한다는 것이다. 이러한 행동들은 21세기의 물질만능 주의에서만이 두드러지게 나타나는 현상이라 말할 수 있다. 허나 우리가 여기서 조금만 여유를 가질 수만 있다면 우리의 위상은 세계의 어느 민족보다 위대한 민족임을 증명할 것이다. 때는 2002년 월드컵이다. 붉은악마, 대한민국, 짝짝짝, 짝짝, 함성, 가슴 벅찬 단어들이다. 지금도 그때를 생각하면 나도 모르게 가슴이

벅차오른다. 우리국민의 단합은 온 세계를 놀라게 했으며 우리 국민의 함성은 열악한 축구 실력을 가진 선수들에게는 무한의 힘과 용기를 주어 4강이라는 기적 같은 쾌거를 이룬다. 이것은 세계적인 이변이기도 하지만 그때의 그 감동은 우리 민족의 위대한 발현임을 세계에 여실이 드러내보였다. 이 모든 것은 우리의 5천년 역사에 외세 침입을 모두 물리친 우리민족의 힘이라 할 것이다. 이러한 우리 역사가 우리 민족의 훌륭함을 말해주고 있다. 나는 말하노라. 지구상의 어느 민족도 감히 우리의 민족을 가르칠 수 없으며 우리민족끼리는 어떠한 기득권도 우리국민을 막 대할 수 없음을 엄중히 경고한다. 이러한 우리민족은 서로가 서로를 인정하며 나가서는 세계인을 이롭게 하기 위한 사명을 갖고 태어난 민족임을 한 시도 잊으면 안 될 것이다.

우리가 알고 있는 사랑이란

21세기의 대세인 여성은 남녀평등을 넘어서 여성상위 시대로 치닫는 대한민국은 여성 대통령이 나오면서 그 위상이 올라갔다. 그럼에도 불구하고 여성이 사랑에 목메는 것은 우리 자연의 현상에서 찾을 수가 있다. 주변을 보라. 많은 식물들은 말을 못해서인지 움직이지 못해서인지 남보다 화사하려고 울긋불긋 무던히도 애를 쓴다. 나를 꺾어 가주세요가 아닌 나를 찾아와 주세요의 물음을 던진 채 끊임없이 유혹을 한다. 꽃은 왜 유혹을 할까? 우리 인간에게 관심을 받기 위함이 아니다. 오로지 꽃의 종족을 번식하기 위해 곤충들의 관심을 받기 위함이다. 그래서일까. 흔히들 우리는 여성을 꽃에 비유한다. 이런 비유의 행위에는 원초적 연관성이 있는데 그것은 이 지구상에 사라질 수도 있는 종족을 지키기 위한 눈물겨운 행위인 것이다. 허나 21세기를 사는 우리 연인들의 사랑은 꽃의 치열한 속내를 뒤로한 채 밖으로 들어난 화려함에만 치중하는 삶을 산다. 이러한 사회 속에 만연해 있는 많은 글귀나 어휘 중에는 올바른 판단을 제어하는 글들이 있는데 그 중 한 가지 예를 들어보자.

"나실 제 괴로움 다 잊으시고 기를 제 밤낮으로 애쓰는 마음" 이 가사는 '어버이 은혜'라는 노래의 첫 소절이다.

'어머니 날 낳으시고 아버지 날 길러주시네' 라는 이 말은 어느 시 구절의 한 대목이다. 이 글에는 본질의 뜻이 어긋나 있음을 말해준다. 본질로 들어가 보자. 아버지 날 낳아주시고 어머니 날 품으시어 길러주셨네. 온갖 괴로움 다 이기신 채 세상에 내보내 주시고 나의 부모님 나를 양육하여 주셨네. 이것이 진실이다. 또한 우리민족의 정서에는 외국과 달리 엄마의 태 속에 있는 아기를 인간으로 대접해 주는 사회이다. 그러기에 우리의 아기들은 태어나면서 한 살이 된다. 이는 아주 작은 차이지만 태 속의 아기의 중요성을 인지한 우리 선조들의 위대함이다. 비록 과학이 발달되지 않아서 정자니, 수정이니, 하는 말은 하지 못하였으나, 태 속의 아기와 소통을 하면서 아기의 소중함을 인지하고 몸가짐을 청결히 하려고 무던히도 애쓰는 삶을 살아 오셨다. 우리의 이러한 삶에 대해 대중은 이런 작은 차이가 뭐 그리 중요한가 하고 반문할 수 있다. 허나 이것이 한두 개가 아니라는 점에서 문제는 시작이 되기도 하지만, 더 큰 본질적인 것은 이 작은 차이가 세월이 흘러 하늘과 땅의 차이를 만든다는 것이다. 지나온 20세기 우리는 경제를 일으키기 위한 노력에 군, 관, 민이 단합하여 최선의 노력을 하였다. 때로는 강행함에 뒤쳐지는 우리 국민들을 위해 정부는 일부 지식인들을 동원하여 강연을 하는데, 그 수준이 이해를 돕는 수준이 아니고 설득을 하는 수준이다 보니, 인간의 본질을 자극하는 남자의 정자를 인용 하였다. 그런데 그 과정으로 들어가 보자. 남자가 한 번 사정을 하면 정자의 수는 약 3억 가량이고 그 중에서 경쟁에 이긴 한 정자만이 난자에 도착하여 인간으로 태어난다. 이 말은 우리 경제 발전을 위해 인간의 개념과 감성을 농요케 하여 우리의 경재를 살리는 형식으로는 바람직했다. 그러나 정자의 잘못된 인식으로 인한 “빨리 빨리”와 “경쟁의식”을 너무도 강조함으로써 지금 우리 사회는 원칙이 파괴되어 가고 낙하산에 눈치작전만이 팽배한 시대가 도래하였다. 우리의 정자가 경쟁만을 통해 태어난다는 이야기는 과학적인 증명도 없을 뿐더러 너무나도 비약적이며 잔혹한 말이다. 한 정자가 무려 3억 가량의 정자를 다 죽이고 경쟁해서 인간이 된다는 이야기는 인간의 본질을 왜곡하며 이기주의의 본성을 불러일으킬 수 있음을 간과할 수 없는 것이다. 이러한 인간 탄생의 정자활동을 재조명해 보자. 일반 건강한 남자가 다양한 음식과 맑은 공기, 맑은 물, 이것을 입과 코 또는 온몸으로 섭취를 하면 남성의 불알에 건강한 정자가 생성이 된다. 그런데 이 정자들은 1분 대기조 또는 5분 대기조로 운영을 하면서 차질 없는 출동과 목적을 달성하기 위해 건강한 정자를 필두로 철두철미한 결속과 조직력을 갖춘 채 항시 아빠의 기분 상태를 확인한다. 만약에 이 무리들이 협동심이나 희생정신이 조금이라도 부족하다면 엄마의 몸속으로 들어갔다 하여도 실패할 수밖에 없는 현실에 놓이게 된다. 왜일까? 여자의 몸속에는 여자를 지키는 많은 균들이 존재하기 때문이다. 그 균들은 조직력이 없이 허술해 보이는 정자 무리를 절대로 통과시켜 주지 않는다. 이는 엄마의 몸을 지키기 위한 응징이기도 하지만 강인한 종족을 번식하기 위함이기도 하다. 또한 조직력이 아무리 견고하여도 성공하지 못하는 무리들도 무수히 많다. 이들은 콘돔이라는 고무통에 갇혀서 때론 세상의 빛을 먼저 봄으로써 화해되는 정자들이다.

우리의 옛 어른들은 합방하는 날을 잡아서 합방을 하였는데. 이는 정자의 강인함은 물론이고 정자의 견고한 조직력을 높이기 위한 것이었다. 이러한 준비과정을 거치고도 남성의 정자가 여성의 자궁으로 들어가면 수란관을 향해 이동을 한다. 나팔관까지 이르는 거리는 불과 15cm이나 그 거리를 정자는 45분이라는 시간을 들여 전력질주를 한다. 난자 근처에 도달하는 수는 불과 60정자 안팎이라 한다. 허나 여기가 끝이 아니다. 난자를 감싸고 있는 투명층을 뚫어야 한다. 지칠 대로 지친 정자로써는 여간 난감한 것이 아니다. 그나마 다행인 것은 정자의 머리 윗부분에는 투명층인 난자 벽을 녹이는 효소가 있다고 한다. 그렇다 해서 한 번의 시도로 뚫리는 것은 아니다. 남은 60정자의 목숨을 거는 희생이 있고나서 하나의 건강한 정자가 안착을 이룬다. 이러한 어려운 역경을 뚫고 진입에 성공한 우리의 정자는 궁 안에서 따뜻이 감싸 안아주는 난자를 만나게 된다. 정자와 난자는 서로가 서로를 존중하며 서로가 다른 부분을 인정하고 서로를 흡수한다. 이는 한 인간의 탄생을 말함이다, 이러한 대 협력의 희생정신은 성스러우며 위대하다고 말할 수밖에 없다. 우리의 정자가 인간의 형태를 갖추기까지는 그 시간이 3개월이라는 조율과정에서 아빠 엄마의 성향과 외모 성별이 결정이 된다. 3개월간의 이 시기는 인간의 형태를 확정 짓는 시기이며 또한 혼과 백이 합일을 이루는 시기이기도 하다. 그래서 이 때 아빠 엄마는 많은 배려와 정으로 서로가 서로를 격려

하며 도와야하는 중요한 시기인 것이다. 이후로는 엄마의 교육과 주변 환경이 수가 되는데 엄마의 먹는 것 느끼는 것 모두가 아기의 정보가 되고 교육이 되어 한 인간으로 변모해 간다. 이는 우리 인간이 협동심과 희생정신을 기초로 하여 태어난다는 말이다. 나는 이 말의 확실함에 조금도 양보하고 싶지가 않다.

여기는 인천 도원동이다. 노을이 가득한 유월의 저녁 우렁찬 울음소리와 함께 나는 태어났고 나의 첫울음소리는 온 누리에 퍼지며 인간 삶의 신고식을 대신한다. 우르릉 코로롱, 아기의 뱃고래가 요동을 친다. 그 소리와 함께 아기의 작은 얼굴에는 수심이 가득 차오른다. 온 얼굴이 조금씩 발그레해 가면서 이마에는 핏돌기가 돋는다. 부모님은 근심어린 모습으로 아기를 바라보신다. 그때를 같이하여 아기의 가랑이 사이에서는 굵고 누런 물체가 스멀스멀 밀려 나오고 있고, 아이 이뻐라. 부모님의 말 한마디에 아기는 더욱더 인상을 찡그리며 핏돌기를 세운다. 가녀린 똥꼬를 비집고 똥은 왈칵 쏟아진다. (어이쿠 황금 똥이네) 하시며 손수 똥을 치우시는 부모님의 얼굴에는 환한 미소가 가득하다. 나의 부모님이 냄새나는 똥을 치우시면서도 환하게 웃을 수 있는 것은 지구상에 유일한 나의 분신에 대한 사랑일 것이다. 그때의 어머니 나이는 40세 중반이었고, 늦둥이기에 조금은 부끄럽기도 한 어머니는 고추를 확인하시고는 입가에는 알 듯 모를 듯 엷은 미소를 지으신다. 자라면서 들은 이야기인데 어머니는 늦게 가진 아기라 창피하기도 하고, 여러 모로 부담스러워 낳지 않으려 하였으나, 아버지께서 어머니의 배를 만져보시고 아들이니 낳자고 하시는 바람에 세상에 태어났다고 한다. 이 자리를 빌려 아버지께 감사하다는 말을 드리고 싶다. 하지만 이는 우리나라의 남아 선호사상의 비애이다.

나는 한때 사랑이란 무엇일까 하는 물음을 간직한 채 고민한 적이 있다. 어느 날 라디오에서 노래가 흘러나온다. '사랑이 무어냐고 물으신다면 눈물의 씨앗이라고 말하겠어요.' 이 소절을 듣고 사랑은 눈물의 씨앗인가 하며 노래 가사를 귀 기울여 들어보니 남녀의 애절한 사연이 담겨있다. 이렇듯 애절한 사랑을 표현한다는 것은 남자들에게는 부담스럽고 어색함으로 다가오지만 우리의 남자들은 사랑해라는 어색한 말 한마디를 가슴속 깊은 곳에서 애써 끄집어내어 자기의 목적한 바를 이루려고 한다. 이는 여성의 마음속에 감동을 이끌어 내어 꿈을 꾸게 하고 이 순간이 영원할 것이라는 착각에 빠져 혼인을 생각하게 함이다. 이러한 현상은 거짓이든 진실이든 그다지 중요하지 않다. 인간과 인간의 음양의 조화에서 온 자연적 현상이기에 그럴 수 있는 것이다. 허나 서로의 마음이 통하여 결혼을 하면 불과 5년 안팎의 세월에 권태기가 찾아온다. 이 시기에는 연애할 때와 달리 각자의 단점이 너무도 두드러져서인지 가끔 겁을 상실한 남자들이 "잡은 물고기에 누가 떡밥을 주나?" 농담반 진담반으로 말한다. 이 말을 증명하듯 우리 사회에 회자되는 유머를 들어보자. 사랑하는 남녀가 결혼을 하여 열심히 사랑을 하며 살다가 급작스러운 불행으로 남편이 죽으면 살아있는 부인은 너무도 슬퍼 나가는 관을 부여잡고 나는 어떡하라고 나도 따라서 갈래 같이 가 같이 가, 하며 통곡한다. 너무 슬퍼 우는 모습에 문상 온 이들마저 눈물을 훔치게 하는데 장례를 끝마친 후 일정한 시간이 흐르면 어느 날 화장대 앞에 비추어진 자기의 모습을 보고 하는 말이 있다. 이 몸을 전세 줄까 월세 줄까 하며 고민에 빠진다고 한다. 이와 동일선상의 남자는 장례를 끝마치고 화장실에 가면 자기의 낭심을 내려다보면서 읊조리는 말이, 너는 좋겠다. 새집으로 이사 가서, 라고 말한다고 한다. 웃자고 하는 소리일 것이다. 하지만 나만은 아니야. 하는 여성들의 바람은 여지없이 무너지고 만다. 허나 이런 이야기가 말해주듯이 영원불멸해야 하는 의미를 마다 한 채 사랑이란 단어는 인간의 삶 속에서 부분적으로 활용되면서 살아왔음을 여실히 말해준다. 때론 부모와 자식 간에 또는 친구나 동물, 식물에 이르기까지 공유하였다. 이러한 사랑을 우리 옛 문언에는 사랑해라는 말을 애민이란 말로 표현했다. 애민이란 말을 국어사전에서 찾아보면 불쌍히 여겨 또는 사랑한다고 표현 되어 있다. 허나 이 말뜻을 깊게 들어가 보면 단지 불쌍히 여긴다가 아닌, 가슴 아프게 애절한 정이 흐르는 마음을 이야기하고 있다. 그럼 사랑이라는 말은 어디서 왔는가? 역사를 거슬러 올라가보자 왕조 5백년의 조선시대. 그 시절 중국을 통해 서학이 들어왔다. 그 학파는 차츰차츰 천주교로 변모해 가고 이들은 교리인 성경을 배워감에 사랑이라는 단어는 천주교의 근본이라는 사실을 알게 된다. 이것이 20세기와 현재에 사랑이라는 단어를 무성하게 하였다. 우리 대중가요의 대부분이 남녀의 사랑을 노래하였으며 듣는 이들은 연인의 사랑이 전부라는 혼돈을 주기에 충분하였고, 사랑이란 단어가 감성을 자극한다는 것 또한 충분히 공감하였다. 이로 인해 사랑이라는 단어는 우리 사회에 서서히 녹아들었고, 그래서인가 사랑이란 언어는 우리국민들의 시름을 대변하며 우리의 감성을 동요하게 하였다.

나의 어린 시절 교회에서는 크리스마스가 되면 사탕과 과자를 주었다. 꾸준히 다니지 않아도 그날은 무조건 주는 날이다. 먹을 것을 풍족하게 먹을 수 없던 시절이기에 나와 나의 친구들은 과자와 사탕을 한 번 더 받기 위한 노력을 무던히도 했던 것 같다. 이러한 노력이 가능했던 것은 주변 동네 꼬마아이들이 너나 할 것 없이 많이 모였기에 가능했으리라 본다. 우리는 서로가 많이 받은 것에 대한 자랑을 한다. 하지만 그것이 미안해서일까. 주일이 되면 한두 번은 나가주는 정성을 보였다. 그 시절 우리가 크리스마스를 기다리진 않았어도 크리스마스가 오면 우리의 마음은 괜스레 들뜨는 기분이었다. 또한 중·고등학생들에게는 연인으로 발전될 수 있는 만남의 시간이었던 어렸을 때의 풋풋함은 그 시대를 살아간 우리들 마음에 각인이 되어 자라나며 우리 사회의 한 획을 긋는 붐을 일으킨다. 그것이 지금의 70, 80이라는 통기타 시대를 연 것이다. 그 시절 사랑을 주제로 한 가요는 우리의 가슴을 파고들었고, 그 노래는 우리 국민의 매마른 가슴을 적셔주는 단비와 같은 것이었다. 비는 소리부터 내린다고 했던가. 우산을 펼칠 틈도 없이 우리의 마음은 너무도 젖어 있었다. 이러한 분위기는 나라의 정서를 압도하였으며 미국의 선진 문명에 대한 동경으로 이어져 갔다. 이때는 팝송 하나 정도는 알아야만 사회를 주도하는 세대로 인정을 받았으며 미국말 한마디 읊조리면 멋있어 보이는 시대가 도래하였다. 이에 우리의 경제빌진은 동요하였고 자칭 미국 국민을 선호하는 국민들의 이민행렬은 미국 대사관 앞을 진을 치듯이 줄서기가 시작되었다. 치열한 경쟁이란 단비에 흠뻑 젖어서인지 우리 문화인 애민의 물결은 새 물결의 힘에 의해 중심의 자리를 내준 채 좌우로 널브러졌다. 이렇듯 우리의 정서를 파고든 사랑은 엄청난 그룹이 되어 우리사회의 한 부분을 차지하였다. 그 여파는 대한민국 정서를 서서히 바꿔 가고 있음을 그 누가 알았던가. 이로 인해 가족의 분열인 핵가족 시대가 도래했으며, 자식이 부모님을 서로 모시지 않으려 하는 사회 분위기는 자식만을 위해 평생을 받치신 부모님에게 화를 억누르기 힘듦을 주었다. 그래서 뜻과 전혀 상관없는 말을 함으로써 자식에게는 모시지 않아도 될 정당성을 만들어주고, 이웃 간에는 바로 옆집에서 살인이 저질러지고 있음에도 불구하고 알 길이 없으며, 작은 시비에도 법으로만 이끌고 가려 하고, 인간의 존엄성을 내팽긴 채 기득권을 가진 이들의 그늘에 빌붙은 노예로 전락 되어 가고 있다.

흔히들 끝까지 살아남은 자가 이긴 것이라고 우리들은 말한다. 허나 이 말은 인간이 이성과 사고의 개념과는 동떨어져 있을 때이며 오로지 동식물의 전유물에 가깝다 할 것이다. 한때는 우리도 살아남아야 한다는 속어를 가슴에 품고 살아온 날들이 있었다. 일제 36년 6.25 사변과 같이 민족의 말살과 암울한 현실에 인간의 동물적 본성이 두드러졌던 시기였다. 하지만 지나온 우리의 오랜 역사는 가정이 근본이 되는 삶을 살아왔다. 그도 그럴 것이 옛날에는 정보를 교류할 수 있는 매체도 없을 뿐더러 교통수단마저 없는 상태이다 보니 지금의 도시 하나를 벗어난다는 것은 보부상 또는 군의 전령 이외 일반인들에게는 여간 어려운 일이 아니었다. 그로 인해 자급자족을 하는 농업이 발달하였고 농자천하지대본이란 말 또한 우리의 삶 속에 녹아 있다. 우리가 TV역사 드라마를 보면 왕족들의 생활을 엿보는데 이 시기에는 누가 반란을 일으켜서 왕이 되었고 그 누가 살해를 당해 죽어 널브러져 있는들 우리 민중들은 알 길이 없다. 단지 시간이 흘러 왕이 바뀌었구나 하는 수준 정도이며 굳이 알아야 할 이유가 없었던 시대이다. 정보의 교류가 특정인을 제외하고는 더디게 이루어졌기 때문이기도 하다. 이것이 정보의 불통으로 인한 호제일런가. 이 시대 우리의 가족은 똘똘 뭉쳐있었으며 세상의 어려움을 서로가 나눠지는 삶을 살았다. 이러한 결속력은 엄청난 힘을 축적하였고 수천 년을 이어온 외세의 침입을 민중들의 힘으로 모두 막아내는 원동력이 되었다. 이로 인해 왕족들은 민심이 천심이라는 말을 가슴속 깊이 간직 한 채 살아왔다. 이런 흐름에 역사는 1만년 우리의 문화를 만들어 내었고, 유구한 우리의 문화는 민중의 뜻이 하늘의 뜻이라고 명명해 주었다. 그럼에도 불구하고 이들은 자기들만의 왕조를 유지하기 위한 쇄국정책을 유지하였고, 그 세월이 너무 오래되어 고인 물이 되었다. 물이 고이면 썩는다 했던가. 조선의 시작이 어언 500년 아무리 우리의 국민이 1만년 동안 외세의 침입에 목숨으로 지켜온 우리의 역사이나, 교류가 없이 머물러 있는 왕조만의 정책에 대한 질책이 이루어진 것이다. 패륜과 매국노의 등장을 시작으로 우리 민족은 혼란에 빠져든다. 일제강점기 36년 우리역사를 모두 도둑질하고 말살해가는 일본의 칼날에 모두가 바짝 엎드렸다. 일본인들의 만행은 하늘을 진동시키고도 남음이 있었으며 잔인무도했다. 그럼에도 불구하고 우리의 국민들은 끝없이 저항을 하였고 결국에는 일본인을 우리 땅에서 몰아내는 쾌거를 이루었다. 하지만 이러한 시련으로 인하여 우리의 정서는 피폐해졌으며 일본인들이 주입시키고 간 안 좋은 습관들이 가정에는 가부장적으로 사회에는 강압적으로 이끄는 현실에 놓이게 된 것이다. 그로 인한 우리의 가정은 태어난 것만으로도 너무 사랑스럽고 예쁜 우리의 아기를 아들이니 딸이니 하는 편견으로 내 몰았으며, 이는 우리민족을 남성을 남성답게 여성을 여성답게 하는 교육을 위해 여성의 틀과 남성의 틀을 만들어놓고 정부가 때론 가정이 붕어빵처럼 찍어내는 구조였음을 말해준다. 이로 인해 편견에 소외되지 않으려는 우리의 아들딸들은 강압적인 사회에 맞서 너무도 힘들게 민주화의 동력을 만들어내었고, 이러한 일들이 너무도 버겁고 힘들었기에 국민들은 우리 역사의 문화를 뒤로 한 채 현실에 매달리는 일들이 시작되었다. 또한 죽고 못 산다는 연인의 사랑은 우리 사회에는 뜬구름과 같은 모습을 하고 우리를 기만하고 있다. 사랑은 달콤하고 아름다우며 자기의 모든 것을 버릴 수 있을 것 같았으나 이혼이라는 현실에 부딪히면 서로 죽이지 못하여 안달하며 서로가 서로에게 저주를 퍼붓는다. 이러한 현실이 말해 주듯이 서양식 연인들의 사랑의 행태는 우리사회에 들어와 자유로운 기쁨을 주면서 우리는 감성과 아무런 상관없이 무분별하며 즉흥적인 감정에 치우치는 서양식 사랑에 피습 당할 수밖에 없었다. 잠시 기독교 성경의 한 구절을 인용한 대중가요를 들어보자. 사랑은 언제나 온유하고 사랑은 언제나 감싸주고 사랑은 시기하지 않으며 바라고 믿고 참아내며 사랑은 영원토록 변치 않네. 이 가사를 감상하다 보면 인간이 이 세상에 태어나 이러한 행동을 할 수 있을까? 하는 의문이 든다. 누가 말했던가. 인간은 감정의 동물이라고. 그 누구도 부인하기 힘든 말이다. 인간이 수시로 변하며 때론 노여워하고 때론 즐거워한다. 이러한 변화야말로 영원한 것이다. 이 세상 많은 단어들 중 영원함이라는 의미의 단어가 있다면 이 세상의 모든 것은 변한다라는 단어일 것이다. 이처럼 이 세상의 모든 것이 변할 수밖에 없기에 모든 것에는 필연의 조건이 붙는데 그 조건은 씨앗을 품은 열매여야 한다. 다시 말하면 자기가 하고 있는 모든 일이 사랑이라 생각한다면 그것을 계속 유지하려는 노력이 있어야 하며 더 나가서는 미래의 우리의 삶 속에 도움이 될 수 있도록 만들어 나가야 하는 것이다. 이 말을 조금 더 구체적으로 들어가 보자. 우리가 미성년자를 벗어나 남녀가 사랑으로 만난다면 결혼을 생각하며 만나야 하는 것이 정상이며, 결혼하게 되면 인생의 희, 노, 애, 락을 서로 조율하며 의논하는 마음으로 우리의 2세를 갖으려 함이 정상이다. 자식을 잉태하였다면 어떠한 역경이 있어도 지켜 나가려 함이 정상이다. 이로 인하여 부모가 되었다면 자기의 성찰이 있어야 하며 자식에게 가르침과 요구를 할 때에는 자식의 적성과 성향, 성격, 흐름의 높낮이를 판단하여 이것이 진정

자식을 위한 요구인가를 잘 살펴야 한다. 이러한 교육은 이 세상 어떠한 교육보다 부모님의 생활방식이 자식 교육의 전부라 할 수 있기에 그 삶 자체는 자식이 본받을 수 있는 삶이어야 한다. 더 나아가서는 나의 자식에게 손주가 장가가서 자기 부모를 모시고 효도할 수 있게끔 환경을 만들어야 하는 것이 정상이다. 이 이야기가 어쩌면 지금의 우리에게만이 어려울 수 있으나 우리의 옛 선조들의 삶의 방식이 우리 국민들의 몸에 배어 있기에 자기에 몸에 맞는 약간의 지혜를 얻어 부부가 화목할 수만 있다면 자동적으로 이루어지는 일들이라 말 할 수 있다. 이 모든 것이 사랑의 조건이라 할 것이다.

우리의 현실은 눈에 안보일 뿐 1초 전과 1초 후의 환경과 모습은 분명히 다른 것이다. 모든 것이 이러한데 사랑이 영원히 변치 않는 것이라면 분명히 우리 인간들이 가지고 놀 수 없는 단어일 것이다. 기독교 성경에 나오는 예수라는 한 성인이 사랑이란 단어의 주인이 되고자 평생을 헌신하며 노력한 끝이 죽음이었다. 죽음에 이르러 사랑을 부정하고 죽음을 초월하는 시간이 흐른 뒤 사랑을 깨닫는 한 성인의 삶을 보며 우리의 삶 속에는 인간이 가지고 놀 수 없는 말들이 무수히 많다는 생각이 든다. 어찌 보면 인간이라는 위치에서 쓰고 있는 모든 언어는 인간이 꾸준한 지향성을 가지고 실천해야 할 언어일 뿐이며, 이러한 지향적인 언어는 인간이 성인군자의 언어를 빌려 쓰고 있는 단계라 말할 수 있다. 그럼 이러한 삶 속에 언어체계를 잠시 들여다보기 위해 다원의 진화론인 인간의 탄생 비화 속으로 들어가 본다. 21세기 과학은 진화론이 대세이다. 대우주공간의 빅뱅으로 인해 대우주 공간에 티끌만큼 아주 작은 지구가 만들어졌으며 그 안에 아주 작은 미생물이 존재하였다. 엄청난 세월을 진화하여 어류가 되고 또 그 어류는 엄청난 세월을 진화하여 땅을 기어다니는 동물이 된다. 또다시 엄청난 세월을 진화하여 동물의 털을 가진 크로마뇽인으로 거듭나며, 이 또한 엄청난 시간을 진화하여 고등동물이라는 인간 별호를 받는다. 인간은 동물과 사람의 중간 부분을 차지하고 있는 진화 단계이며 이러한 인간이 이성과 감성을 가지고 지속적으로 발전한 단계를 사람이라 칭하는데 이들을 성인이라 말한다. 이들은 밥 한 끼를 주고도 평생 은인으로 사는 이와 억만금을 주어도 원수가 된다는 이 말의 의미를 알며 역사를 되짚어 보는 지혜와 자기의 성찰을 바탕으로 현실의 화합과 이치를 생각하는 삶을 살기에 이 시대의 흐름에도 크게 어긋남이 없다. 우리는 이들을 성인군자라 말한다.

가정의 발전을 위한 나의 자세

지금 우리사회는 바르게 말하는 개인보다는 다수가 옳다고 하는 이들의 손을 들어 준다. 그것이 사회를 원활하게 이끌고 가는 수단이라 말하며 우리사회의 집단 이기주의를 만들어 가고 있다. 더 나아가서는 집단의 이익을 위하여 잘못된 일임에도 다수의 세력으로 개인의 생사의 몸부림마저도 처절하게 짓밟아버리는 현실을 만들어 간다. 또한 세력의 힘을 과신하기 위해 수단과 방법을 가리지 않고 가장 접근하기 쉬운 학연, 지연 세력을 내세워 옳지 않은 일에도 자기편이 될 수 있는 세력으로 키워가고 있다.

이것이 우리 사회에 관행이 되어 약한 이들을 업신여기는 풍토를 확산시켜 왔으며, 이러한 형태는 갑질이라는 지금의 신조어를 만들어내었다. 이러한 갑질의 유래는 옛 왕조시대에 우리 선조들의 시대적 삶 속에서 시작된 것이라 말할 수 있다. 그 시절 귀족과 사대부를 제외한 일반 백성에게는 교통수단의 어려움으로 인해 다른 지방으로 이주하기란 많은 어려움이 따랐다. 이는 각 지방마다 소통의 두절로 인해 지방의 이기주이가 자연스럽게 생겨나는 시기였다. 또한 정보의 두절은 지방의 이기주의를 더욱 더 부추기는 요소로 자리 잡는다. 설사 왕이 바뀌어서 핵심 정치인들이 전부 다 바뀌어도 백성들이 다 알기까지는 너무도 많은 시간이 흐른 뒤 알 수 있는 것이 사실이다. 이러한 현실은 옳은 혁명이든 반란의 집권이든 간에 백성이 인식 할 때쯤이면 지배자의 입맛에 맞는 현실로 포장되어 알려지는 것이 다반사다. 간혹 짐을 꾸려 전국을 순회하는 보부상들에게 중앙의 정보나 지방의 정보를 지나치듯이 듣는 것이 전부인 이 시대의 왕권 정치는 백성을 양반과 평민으로 갈라 차별을 두었으며, 글과 정보를 공유하지 않으면서 백성을 무지렁이니 하는 말로 비하하며 견제해 왔다. 또한 귀족과 사대부들은 자신의 영달과 기득권을 위해 왕조에 빌붙어 온갖 아양과 권모술수를 부려 잘못된 왕조마저도 일을 부추기기 일쑤였다. 이러함은 지금의 대통령 시대까지도 옛 왕조 시대 정신을 벗어나지 못했다고 말하여도 과언이 아니라 생각한다. 이러한 기득권 세력들은 지금의 신지식인들의 뜻있는 의견마저도 자기들의 입지를 확고히 하기 위해 억압과 강압으로 그들이 뜻을 접을 수밖에 없는 환경을 만들어나간다. 이는 새천년을 맞이한 대한민국 국민이 존중받는 합리적인 민주주의와는 너무도 멀기만 하다는 것을 말하고 있다. 허나 이보다 더욱더 심각한 것은 지금의 우리에게 기득권을 가진 그들이 기득권을 준다 하여도, 그들의 횡포에 젖어 살아온 세월이 너무도 길기에 기득권을 가지고 있다 하여도 바르게 운영하는 법을 몰라 더욱 더 난감한 현실에 부딪히게 될 수도 있다는 것이다. 이러함에 여러 가지의 예가 있지만 그중 작은 예를 하나 들어보자. 흔히들 우리는 돈벼락을 맞으면 죽어도 좋다는 말을 서슴없이 한다. 아마 돈의 편리함에 또는 너무도 절실하기에 이구동성으로 하는 말이라 나는 생각한다. 그래서 로또 복권을 1회부터 10회까지, 1등 당첨된 이들을 찾아가 현 상황에 대해 조사를 해본 결과 단 한 사람도 행복한 사람은 없었으며 또한 전 재산을 다 잃었다는 것이다. 왜 이들은 자기가 간절히 원하고 죽어도 좋을 만큼의 돈이 생겼는데도 그 결과는 로또 복권을 안 맞았을 때의 삶보다 못한 삶을 살고 있는 것인가. 이는 사람마다 여러 가지 사정이 있을 것이나 총체적인 원인은 갑자스럽게 찾아온 돈벼락이기 때문이다.

준비되지 않은 상태에서 갑작스럽게 찾아 온 것이기에 속수무책으로 당할 수밖에 없는 것이다. 이렇듯이 이 사회의 기득권 또한 준비 없이 우리에게 주어진다면 지금의 우리는 오히려 없을 때보다 낫다고 할 수가 있을 것인가. 장담하기 힘들다. 심지어 운영 방법을 몰라 처음의 그들보다 더 심해질수도 있음이다. 그러므로 누구라도 갑작스럽게 찾아온 행운이나 불행은 감당하기 힘들다 할 것이다.

우리의 옛말에 모든 것은 준비된 자의 것이라는 말이 있다. 허나 준비된 자라 하여도 갑작스러움을 감당하기란 여간 힘든 일이 아니다. 간혹 불행을 직시하여 큰 불행을 작은 힘들음으로 승화시켜 나가는 이들이 있고, 때론 큰 불행을 준비없이 정면으로 부딪쳐서 극복해 내는 이도 있다. 이들 두 부류의 결과에는 그간의 어려움이 좋은 추억이 되어 긍지와 자긍심이 생겨나 성공의 밑바탕이 되지만, 불행에 굴복당하는 이들의 결과는 지나온 과정이 악몽에 허덕여 현실과 사회에 적응을 못하고 사회의 질서 파괴자 또는 자살로 이어지는 경우가 많다. 이렇듯이 갑작스럽게 다가오는 행운과 불행의 결과는 대처하는 이들의 방법에 따라 성공의 바탕이 되기도 하고 불행의 씨앗이 되기도 한다. 그러므로 갑작스레 찾아오는 행운과 불행은 다를 것이 없음을 알아야 할 것이다.

우리가 이러한 갑작스러운 변화에 살아남기 위해서는 우리 스스로 평소 가끔은 자기를 돌아보며 때론 반성도 해야 한다. 때론 위로와 칭찬도 스스로에게 할 줄 아는 마음의 시간을 갖는 것이 매우 중요하다. 우리 옛말에 세 때 중 한 때는 깨어 있어야 한다는 말이 있듯이 자숙의 시간이 없이 사회에 변화에만 발맞춰 나간다면 갈수록 갑의 횡포가 심해질 것이다. 우리의 밝은 미래는 없다고 하여도 과언이 아닐 것이다. 그러므로 우리는 개인의 바른 마음에서 나오는 개인의 주장에 귀를 기울이는 사회로 거듭나야만이 우리의 밝은 미래가 있음을 확신할 수 있는 것이다.

허나 개인의 바른 마음과 천차만별의 옳은 주장을 다 수용할 수 없기에 조율하는 과정이 필요하며 그 수위는 우선순위가 필요하다. 우선순위의 처음을 국가라 할 것이다. 지금의 우리는 1만년의 시행착오를 답습하며 처절히 지켜온 우리국민의 노력으로 인해 대한민국헌법이 제정된 것을 토대로 국민 개개인이 스스로 바르게 살고자 하는 사회 환경을 만들기 위해 노력한다. 그런 노력이 수반되어 있다면 바른 정치인들을 뽑아 협치를 이루어 나갈 수 있는 틀은 짜여져 있음으로 우리국민이 바르게 살고자하는 마음만 뿌리를 내린다면 아무런 문제가 되지 않음을 확신한다. 새천년 21세기의 최우선 과제는 우리 역사를 토대로 가정의 틀을 만들어나가는 일이며, 가정을 대변하는 개인의 바른 주장이 사회에 반영될 수 있음에 중점을 두어야 한다. 또한 가정을 유지하기 위해 옳다고 주장하는 기준은 가정을 대변하는 모든 것이 이웃과 상생하는 것을 심사숙고하여 각 가정마다 가족이 이겨나갈 수 있는 행동 지침을 가지고 바르게 나가야 할 것이다. 이보다 더 나은 삶을 위하여 가정을 대변하는 토론의 장을 만들어 조금씩 보안해 나아가는 장이 되어야 한다. 이로 인하여 좋지 않은 형태의 생활을 자제시키고 더 나은 방향의 일탈은 무한한 격려와 지원을 아끼지 말아야 한다.

어린 시절 어른들에게 툭 하면 듣는 말이 있었다. 일을 하다가 시비가 걸리거나 일이 잘 풀리지 않을 때 "한국인은 맞아야 정신 차려, 또는 봉건주의 사상이 깊어서 그래" 라는 말을 무수히 많이 듣고 살았다. 나는 한국인이 맞아야 정신을 차리는지는 잘 모르겠으나 그 당시 라디오 또는 가전제품들 거의 다가 작동이 안 될 때, 몇 대 때리고 나면 정상적으로 돌아오곤 하였다. 그래서 그런지는 모르겠으나 나는 한국인이 맞아야 정신을 차린다는 말에는 동조할 수 없다. 또한 봉건주의 사상이 깊어서 그래 라는 말은 우리나라에는 봉건주의 제도가 있던 나라가 아니었음에도 불구하고 봉건이란 말이 어른들 입에 자주 오르고 내린다는 것은 보릿고개 시절 가부장적인 가정 상황에 대한 언지였으리라 생각한다. 그 시절 우리의 가부장적인 현실이 가능한 것은 암울한 시절 배를 졸라매도 허기가 져서 앞이 안 보이는 현실 속에서 앞장서서 가정을 꾸려나가는 이에게 용기나 가능성에 대해 지지가 있었기에 가능했다. 그러므로 각 집안의 가장들은 자기의 몸을 돌보지 않은 채 가족을 굶기지 않는다는 일념 하에 죽기 살기로 살아왔다. 이는 한강의 기적이라는 대한민국을 만드는데 큰 일조를 하지만 이러한 현상은 가정의 리더가 비록 마음에 안 든다 하여도 집안 식구를 먹여 살리기 위해 노력한다는 명제 하에 마음에 안 드는 행동 또는 억압을 묵인해주는 형식의 공동체 의식을 구성하였다. 이것이 우리 가정 속 이기주이의 본질이 되어 자기 가족만이 잘되면 된다는 생각이 이웃과 데면데면하는 결과를 만들어 나갔다. 허나 이러한 이기주의의 초심은 생계형 이기주의라 말할 수 있으며 사회의 악과 같이 치부되며 멸시받아야 하는 완숙된 이기주의와는 다른 것임을 분명하게 인식해야 한다. 그러므로 이러한 이기주이에는 객관적인 이기주의와 주관적인 이기주의로 나눌 수 있는데, 이 둘은 꼭 붙어서 발연되어야 할 사이이기에 신중을 기해야 한다. 하지만 일반적으로는 객관과 주관이 분리되어 나오며, 무엇이 먼저 나오나에 따라 조금의 차이가 있을 수 있다. 객관이 먼저 나올 때의 개념으로는 각자의 자질에 따라 보여지기에 큰 실수를 덜 한다는 것이고, 주관적인 개념이 먼저 올 때는 자기만의 생각 속에서 만들어지기에 혹시나 하는 실수 또는 수렁에 빠져 헤어나오기 힘든 현실을 만들 수 있음을 생각해야 한다. 하지만 어떠한 이기주의도 나쁘다고 할 수 없음은 개인 이기주의가 아집을 만들고, 가정의 이기주의가 고집은 만들고, 지역의 이기주의가 주관을 만들며, 국가의 이기주의가 자존감을 만들듯이, 인간은 누구나 이기주의성향을 가지고 태어나기 때문이다. 이는 어릴 때의 자기 방어를 위한 똥고집으로 시작하여 자라나면서 아집과 고집을 거쳐 주관에 이르기까지 어쩔 수 없이 거쳐야만 할 관문인 것이나. 이렇듯이 이기주의란 모든 사회생활에 꼭 필연적으로 있어야 하는 것이기에 마음을 정갈하게 함을 개을리 하면 안 되는 것이다. 또한 이기주의란 흐르는 물과 비슷하여 머무르면 고이고, 고이면 썩는 것이다. 그러므로 이기주의는 흘러야 하며 그 흐름 자체는 실행과 성찰의 연속선상에 있어야 한다. 이는 인간과 물의 차이가 있기 때문인데 물 자체는 흐름으로 정화가 되지만 인간은 자기의 성찰이 있지 않으면 흐르는 와중에도 썩을 수 있기 때문이다. 그러므로 자기 자신을 되돌아보며 반성하고 새로이 거듭남으로 인해 자존감이 생겼다면 이기주의의 마지막 단계인 만인과의 화합에 힘써야 할 것이다. 허나, 화합에는 배려와 이치가 최우선이 되어야 함을 잊어서는 안 된다. 이 모두는 우리의 역사가 말해 주듯이 우리의 집안이 일어나기 위해서는 가부장적인 힘이 필요하지만 기틀을 만들고 나서는 가부장적인 현실을 완화함은 물론이며, 개인의 의견을 인정하며 존중하는 가정으로 거듭나야 할 것이다. 이러한 형식은 계승 발전시키고, 더 나아가서는 우리 어른들이 흔히 말하는 "일가를 이룬다"는 말과 어우러지는 과정이 되어야 할 것이다. 우리는 일가를 이룬다는 말이 생소할 수도 있고 자연스러울 수도 있다. 하지만 일가를 이룬다는 말은 무겁고도 무겁게 받아들이는 것이 합당할 것이다. 그만큼 많은 어려움이 따르기 때문인데 지금의 우리들은 결혼이라는 것을 너무도 쉽게 생각하는 경향이 있음을 부인할 수 없다. 아마 이들에게는 일가를 이룬다는 생각보다는 일가를 갖는다는 생각이 지배적일 것이다. 허나 갖는 것과 이루는 것의 차이는 너무도 큼으로 비교할 수 있는 크기가 아니지만, 굳이 비교하자면 봉건주의와 같이 독립된 가정을 일가를 이루었다 말하고, 가족을 잠시 가졌다가 버릴 수도 있는 것을 가졌다라는 의미라 할 것이다. 이렇듯이 개념 자체는 차이가 나므로 비교의 대상이 될 수 없으나, 21세기인 지금, 결혼의 의미를 동일시 함으로써 자기도 모르게 나날이 수렁에 빠져들고 있음을 모르고 살아간다. 이는 남녀가 헤어져야할 이유가 무엇인지 모르면서 이혼을 당하는 쪽과 이혼을 요구하는 쪽 모두가 이 사회의 피해자일 수밖에 없음을 말하는 것이다. 이렇듯이 우리의 사회는 정작 이끌어 가야할 기득권층들이 우리 국민의 미래를 위한 단 한 번의 고민도 없이, 자기들의 사리사욕을 위해 고민하는 척 연기에 심취되어 있었으며 심지어는 제2의 부모님이라 하는 교육기간의 선생들마저도 하나의 직업인이 되어 회사 생활의 삶을 살고 있기 때문이다. 그러므로 우리는 외부의 가르침이 우리 사회를 또는 우리 가정을 일깨워줄 거라는 기대와는 너무도 먼 현실에 살고 있으며, 오히려 바른 가정의 자식마저도 사회의 영향을 받아 부모와 자식 간 반목하는 일들이 허다하게 이루어지고 있음을 보여주고 있다. 그럼에도 우리는 자신을 돌아보지 아니하고, 화려한 현실에만 발을 못 맞춰 나가는 것에 고민하고, 보여지는 현상에만 추종하여 깊은 수렁에 빠져들고 있다. 이제는 더 이상 보이는 것에 흔들려 놀아나는 일은 없어야 할 것이다. 자신의 성찰로 인해 배려와 이치를 깨달아 세계 어느 민족보다도 주체의식과 자립심이 강한 민족으로써 조금은 더디고 불편함이 있을지라도 세계의 표상이 되는 우리 민족의 천년대계를 위해 지나온 우리역사의 삶을 되짚어보며 옳은 것은 따르고 현실에 맞지 않는 것은 고쳐나가야 한다. 우리 선조의 삶이 그러했듯이 가정 속에 옛 봉건제도의 독립성과 같이 각 가정마다 저마다의 소질에 맞는 가업을 만들어 적게는 소상공인부터 정치하는 대통령에 이르기까지 적성에 맞는 일가를 이룬다는 것을 21세기 최고의 소명으로 간직해야 할 것이다. 이는 모든 인간은 환경에 지배 될 수밖에 없으며 아버지가 선택한 직업은 자식에게도 그 능력이 잠재 되어 있기 때문이다

제1부

가정사

남자 여자

인간이 태어나 남자와 여자라는 성별을 찾아가는 과정 속에서 부모인 아버지와 어머니로 완성하는 과정을 이야기하자면 우리가 태어나서 결혼하기 전까지는 남자와 여자가 될 수 없음을 말한다. 그러므로 남자와 여자의 별호를 받는다는 것은 결혼을 하여 부부로 살아가는 속에서 주어지는 것이며 더 나가서는 자식을 낳아 아버지와 어머니의 삶을 살아가야 함이다. 이는 인간이 태어나 남녀의 결합이 있기 전까지는 인간이 본연의 임무를 하지 못함을 말하는 것이기에 준비 중에 있는 남녀의 경우 결혼을 하여 가정을 꾸며야 한다. 더 나아가 아버지와 어머니가 되는 것은 많은 어려움이 따르지만 부모라 함은 자식의 존경을 받아야 함이며 자식에게는 부모를 존경함이 필수 덕목으로 깔려 있음이다.

살면서 오는 권태기는 아기로 인해 연장과 단절이 될 수도 있다

인간은 자기도 모르는 끌림, 느낌의 현상에 의해 상대방을 동경하며 사모하는 마음이 생긴다. 이것이 사랑이라 생각하고 결혼한다. 21세기 지금은 열 쌍이 결혼하면 다섯 쌍이 이혼하는 사회다. 이들은 짧게는 3년 길게는 10년 안에 서로의 갈 길을 달리하여 이혼이라는 단어를 떠올린다. 이것은 연애 시절 자기와 다른 모습을 발견하고 자기에게 없는 것을 보완할 수 있다는 마음에 들떠 결혼하여 살다가 자기와 다르다는 이유로 이혼을 생각하게 되어 일어나는 현상이다. 자기의 부족함 또는 자신에게는 없었던 것에 대한 충족이 자기 것화 되어가는 과정 속에서 장점으로보다는 익숙하지 않은 단점으로 먼저 다가와 수용하기보다는 배척하려는 마음이 두드러지게 되기 때문이다. 서로가 다르다는 것을 인정하면서도 부부이기에 같은 마음으로 해야 한다는 생각이 바닥에 깔려 있기 때문이다. 결혼이란 서로 하나라는 개념을 가지고 둘 사이의 컸던 차이를 좁혀가는 과정에서 이루어진다. 그러므로 단점이 두드러지게 보일 때일수록 연애시절 내가 이 사람의 무었을 그리워했는가를 생각하는 시간을 가져야 한다. 만에 하나 속았다는 생각에 사로잡힌다면 그 사람을 잘 아는 제3자에게 그의 성격을 물어보고 확인하고, 확인이 되었다 해도 다음 과정을 진행하는데 있어 자기를 돌아보며 나 또한 거짓인생을 살지 않았는가를 돌아보아야 한다. 그래도 나는 정당하다 생각이 든다면 이혼을 생각할 수 있다. 단지 예외 조건이 있는데 그것은 아기의 잉태이다. 만약에 어떠한 상황이라도 아기를 잉태한 후라면 삶을 포기해야 할 정도의 위압감이 찾아오기 전까지는 이혼이라는 단어는 생각하지 않는 것이 옳을 것이다. 부모의 분별없음으로 인해 고귀한 생명을 부여받고 세상에 나와 자신의 포부를 펼쳐야 하는 사랑스러운 자녀들이 세상을 삐딱하게 바라보며 자신있게 나서지 못할 확률이 높기 때문이다. 세종대왕이나 이순신 장군과 같은 인재가 부모의 이혼으로 인해 뜻을 못 펼친다면 그 후폭풍은 우리사회의 퇴보와 자중지란으로 이어질 수 있기 때문이다. 더불어 아기가 태어남으로 인해 부부 화합의 끈이 단단하거나 혹은 약한 끈의 역할을 할 수도 있다. 허나 진실의 깊이로 들어가 보면 부모 각자의 자라난 환경적 영향이 주류를 이루는 것인데 자기로 인해 그러한 것인지를 모르는 것이 다반사다. 그러므로 결혼은 신중해야 하며 자식을 잉태하는 일에는 더욱더 신중한 책임감이 따라야 한다.

어릴 때의 세뇌교육과 환경의 필요성

세뇌 교육에 대한 모든 일에는 무수히 많은 상황과 과정이 존재함이 분명하다. 하지만 갑과 을이 있듯이 무엇이 먼저이며, 어느 것이 비중을 많이 차지하느냐가 세뇌의 중요함이다. 그러나 한 가지 현상을 가지고도 바라보는 사람마다 모두 자기만의 해석을 하게 된다. 그러기에 의견은 다양하게 조합이 된다.

어려서의 교육 모두가 세뇌교육에 들어가며 일반적인 세뇌교육은 반복 청취의 교육이라 말할 수 있다. 세뇌하고자 하는 단어의 좋은 장점을 실어서 주입하는 것은 높은 단계이고, 그 상위 단계는 좋은 감정과 함께 단어를 반복적으로 주입함이고, 좋은 마음을 항시 간직하게 하는 것이다.

부모가 자식을 잉태하여 부모의 품에 안착하기까지 자식에게는 스스로 가 최고의 좋은 마음을 가질 수 있는 상황의 연속이다. 그러기에 좋은 마음을 자식들은 기본으로 가지고 태어난다. 다시 말해서 기본적으로 부모가 자식에게 100점을 받고 시작하는 것이다. 허나 이루기보다는 지키기가 더 어렵기에 좋은 여건에서 출발하면서도 우리의 자식들은 성인이 되어서는 혼자 자랐다는 생각에 부모님을 모시고 공경함에 너무도 인색하다. 이러한 현실에는 분명 환경이라는 것이 첫 번째를 상식하고, 두 번째는 부모님의 성향이 환경에 부합되어 이러한 결실을 만든다. 그런데 여기에는 다양한 자식의 성향을 고려하지 않음이 있고, 또한 부모의 잘못된 욕망, 망상, 안 좋은 버릇, 미래를 바라보지 못하는 모자람, 자기를 모르는 어리석음이 주류를 이룬다. 이중에서 단연 으뜸은 자기를 모르는 어리석음이다. 이러한 것들을 다 이겨냈다 하여도 맞춤형 배려가 없는 이는 어려움을 겪게 되는 것이다.

이렇듯 부모는 자식이 부여해준 100점의 점수를 너무도 쉽게 까먹고 만다. 심지어 마이너스 100점까지 가는 시기가 지금의 시기라 할 수 있다.

자식의 3세부터 20세까지의 성장에 관한 환경

우리 아기를 잘 키우기 위해서는 아이에게 관심을 놓으면 안 되며 때론 일보다 아이가 중요함을 일깨워 줘야한다. 자기 스스로가 해 나갈 수 있는 자취형태의 방목 또한 필요하다. 이것만으로 사춘기 자식의 마음에 여유를 50%는 찾을 수 있다. 나머지 50%는 진정성이 가미된 부모의 관심이다. 자식을 위하는 방법이 여러 가지 있을 순 있으나 자식이 원하는 방법으로 서로 의논하여 도와주는 것이 효과만점이다. 그럼에도 자식의 여유 속에서 50%의 완성만을 이룰 수밖에 없는 것은 자기가 경험하고 자란 생각들이 사회에 나가 같을 것이라는 확신과 장담을 할 수가 없기 때문이다. 예를 들면 산의 정상이 50%일 때 어떠한 마음가짐으로 올라가서 올라간 길을 되돌아 내려오느냐, 아니면 넘어 내려가서 새로운 신세계를 바라보느냐 하는 문제가 생기는 것이다. 이 때가 자기의 자아가 생기는 시점이다.

이 시기야 말로 부모가 자녀를 바라보고 격려하는 마음이 되어야함은 낯선 세상과 부딪쳐 나가는 여린 마음에 부모의 따스한 마음으로 고향이 있음을 알리고 자기를 응원하고 있음을 상기시켜 주기 때문이다. 키우 논 환경에 의해 인간마다 끈기가 천차만별이듯이 똑같은 현실에 처해 있어도 해결해 나가는 방법 또한 다를 수밖에 없어 그 상황을 가장 잘 아는 부모가 지도 편달함이 합당하기 때문이다. 허나 부모는 자식에게 해결 방법을 가르칠 뿐 해결해 주는 것은 시기와 상황을 고려함을 잊어선 안 된다. 이 시기는 3세부터 20세 사이에 이루어질 확률이 90%다. 그러기에 부모의 영향력은 너무도 크다. 부모는 이것을 앞당길 수 있으며 또한 늘릴 수도 있다. 이 말은 부모와 집안의 환경에 의해서 시기가 다를 수 있으므로 가정마다 부모의 관심의 방법에 따라 자식은 재탄생 된다는 것이다.

어릴 적 습관의 형태와 중요성

어릴 적 습관적인 행동은 몸에 편안함과 심신의 안정을 위한 자기 방어적인 행동방식이다. 보이지는 않으나 어려움이나 무료할 때 자주 남의 눈에 띄며 자기도 모르게 자신의 몸에서 활동한다. 본인 스스로는 느끼기 힘듦이 있는데 자기의 모든 일상생활에 대처 방법이 되기에 우리의 습관은 그만큼 중요하다. 이것은 한 살서부터 일곱 살 이전의 형식이며 이 때의 성격은 우리의 일상생활을 지배하는 것으로 이 나이 때는 모든 이에게 스스럼없이 자기를 내보인다. 그러기에 실수도 많고 혼도 많이 남으로 인해 좋은 것과 나쁜 것을 몸에 바로 전달하는 역할을 한다. 이것이 습관이 되면 이로 인해 인간이 성인으로 성숙해지기도 하고 때론 짐승으로 폄하되기도 한다. 그러므로 습관은 자기를 발전시키는 최일선의 자기인 것이다. 이것은 다 자라난 자기가 자기 자신의 더 나은 나를 위해 쓰여지는 기능이다. 이러한 습관은 기질이나 천성에 의해 형성이 되며 기질이나 천성은 한 평생을 살아가도 나올까 말까 하는 현상이다. 또한 이것은 타고 나는 것이기에 어머니 뱃속에서 완성을 본다. 이 말은 뱃속에서 시작되어 뱃속에서의 완성이 아니고 그 이전의 유전인자에서 시작되어 발현 되었던 것이 뱃속에서 완성이 되어 나온다는 것이다. 이러한 형태는 나온 이노 모르고 낳은 이도 모를 확률이 높다. 또한 지켜보는 이도 마찬가지다. 허나 이것은 자기를 모르고 시작됨에 대한 인식의 차이가 있을 뿐이다. 결코 찾으려 한다면 못 찾을 리 없을 것이다. 그것의 역사는 영향력이다. 조상의 유전적 영향력, 할아버지 할머니의 영향력, 또는 부모의 영향력일 수가 있다.

어릴 때의 호기심에 부모의 대처는

호기심은 사람에게 무한한 힘과 실행의 힘을 만들어 준다. 하지만 어린 시절을 지내오면서 완화되어 지나친 간섭과 지나친 제재는 한 인간의 꿈과 희망, 발전을 꺾는 현실로 나타나게 된다. 어릴 적에는 모든 것에 호기심을 느낀다. 허나 거기에서 부모는 자기 삶에 옳은 것과 옳지 않은 것을 기준을 잡아 교육을 시킨다. 그것은 잘못된 교육으로 갈 수가 있다. 아이에게는 옳고 그름이 존재하지 않기 때문이다. 그러나 이 또한 너무 방관하면 곳곳에 항상 신체를 위협하는 위험이 있기에 아픔을 가질 수가 있다. 그러기에 항시 주시해야 한다. 호기심이 끝나는 순간까지.

사춘기의 반항

10대의 사춘기 시절 반항의 시절이 없이 지나가는 아이들도 커가면서 반항심이 조금씩 나오게 된다. 이러한 현상은 자신의 자각 현상을 겪으면서 조금씩 풀어져 나오는 것이다. 20대 30대에도 어떠한 삶의 현실에 바빠 지나치는 이들은 50대 이후에 비로소 아련한 추억처럼 이탈을 꿈꾸게 된다.

어린 시절 문제아라 칭하는 이의 미래는 누구를 만나는가에 의해 진정 훌륭함으로 자라난다

모범생으로 산다는 것은 문고리가 없는 문과 같아서 스스로 열기 전에는 열기가 힘들다. 문제가 있는 아이에게는 돌출 부분이 있어 비록 문고리는 아니어도 문고리와 같은 역할을 하므로, 열어야 하는 시기에 바른 어른을 만나면 자연히 열리는 계기가 된다. 그 모서리 또한 남에게 해를 주지 않는 모서리로 거듭나며, 때론 남을 이롭게 도움을 줄 수도 있음이다. 허나 현실에서는 바르고 여유로운 어른을 만나기란 힘이 들지만 준비된 어른들이 많은 민족이기에 이들이 어떠한 계기로 인해 사고의 전환이 생긴다면 우리네 현실은 많이 달라질 것이다. 하지만 어른들의 사고의 전환을 바라기에 앞서 부모가 자식 교육에 어른의 역할을 다한다면 이보다 좋을 수는 없다.

자식의 사춘기

사춘기 때 스킨십을 거부하는 것은 어린 시절 스킨십을 잘 하면서 키운 가정에서 부모와 자식 간의 자기감정에 비어 있는 부분의 입력을 시키는 과정이다. 마지막 완성을 위한 느낌을 저장하는 시간을 갖는 것이기에 이러한 느낌이 올 때 지켜봐주며 완성을 위해 말의 스킨십을 시작해야 한다. 이것이 자식에게는 자주 꺼내 쓸 수 있는 공간에 저장을 하는 이유가 되므로 자식들에게는 자기가 사회나 부모로부터 받아온 모든 것들에 대한 검증을 하는 시기이다. 자기 마음속에 있는 자아를 깨우치는 시도인 것이다. 알을 깨고 나와야 하는 아픔과 시련이 있듯이 자기 마음속에 자아를 깨우치는 시기는 본인 또한 너무 힘이 든다는 것을 알아 주어야 한다. 이때는 스스로 깨고 나오게끔 하는 것이 가장 중요하며 부모는 지켜봐주면서 응원을 해주는 것이 필요하다. 본인에 맞는 배려가 중요하다.

자식을 위한 행보에는 부모의 일관성이 필요하다

부모의 모습은 일관성이 있어야 한다. 다시 말하면 붙박이처럼 보이는 것이 있어야 한다. 이러한 행동은 자식들에게는 마음의 안정이 되어 또 다른 뿌리를 갖게 하기 때문이다. 그러나 지금의 부모들은 남과 비교하는 삶을 살아가며 자기의 몸도 가누지 않고 뛰다 보니 몸은 망가지고 자식과의 끈끈해야할 정마저도 푸석푸석해져 전전긍긍하는 삶을 살아가고 있다. 일관성에는 여러 가지가 있다. 위만 바라보는 삶이나 남과 비교하는 삶 속에서는 좋은 일관성을 가정에 심어주기 어려울 것이다.

자식을 자기에 맞게 키우려면

자식을 자기의 뜻에 맞게끔 키우고 싶은 부모들은 어렸을 때 자식에게 부모가 이루고자 하는 꿈을 조금씩 자주 보여주고 그곳에서 사랑이라는 마음과 정을 듬뿍 담아야한다. 가르침을 자유롭게 하되 자기 자신이 모범이 되어야 하며 어떠한 상황에서든 그 속에는 규율과 예법이 있어야 한다.

사춘기가 생기는 이유

빠르면 초등학교 5학년 늦게는 고등학교 2학년 사춘기가 온다. 허나 이러한 현상은 부모의 바쁨 또는 무관심의 척도에 따라 달라지게 된다. 이것이 가정 속에서 별 탈 없이 지나간다는 것은 부모에 대한 애정이 자식의 마음속에 많이 남아있다는 증표이다. 하지만 누구나 사춘기시절에 들어서면 자기 자신도 모르게 부모님과 쌓아온 애정을 서서히 덜어내는 것을 막을 수 없는 것은 홀로서기를 해야 하는 인간으로써 당연한 일이다. 나약한 아기가 자기 자신을 지킬 줄 아는 시기까지 부모의 영향력으로 인해 부모에게 의지하려는 마음을 방비하기 위함이기도 하다. 이는 부모를 믿고 따르는 기간이 길고도 안전했기에 그 기간만큼은 뇌리에 영원히 기억되지만, 만약에 부모가 게으르고 자기뿐인 행동과 언사는 어린 자식들의 눈이나 몸을 통하여 스며들어 자기도 모르게 반항한다. 이것이 진행되어 빠르면 20세 이전과 늦으면 35세까지의 시간동안 몸이 천천히 적응하며 몸에 안착하는 그날 우리의 머리는 그 감정을 읽어내어 앞날에 대한 설계와 계획을 하여 행동하게끔 도움을 주는데 이것이 결혼과 독립선언이다. 이 시기 자녀의 어릴 적 무의식에 저장되어 있던 것이 가정을 가졌을 때 부모에게 보고 배운 대로 답습하며 살아가게 한다. 그러므로 사춘기를 잘 지내는 이가 있다면 그것은 부모의 변하지 않은 관심과 정을 느꼈기 때문이며 부모의 일상은 끊임없이 노력하는 부모임이 확신된다.

애들 앞 에서는 물도 가려 마셔라

어른들이 집안에서 쓰지 말아야 할 단어 가운데 '무서워'가 있다. 이 말 즉 약하게 보이는 말들은 그 집안의 리더라면 더욱 더 조심할 일이다. 이러한 말은 아기들이 성장해 나가는 시기에 자신감과 연관이 있으며 사춘기 때는 부모님을 등한시하는 마음이 일어날 수 있기 때문이다.

부모가 자식에게 보여야할 모습

우리의 부모님은 일관성이 필요하다. 우리 가정이 가족에게 고향과 같은 부모들의 행동 강령 중 한 가지만이라도 일관성을 가지면 자식의 방황 끝은 올바름 속 아름다움일 것이다. 우리네 고향을 생각해 보자. 우리의 고향이 그리워지는 것은 옛 모습이 유지 되었을 때의 그리움일 것이다. 거기서도 더 좋은 것은 산천인데 자기가 보고 자라왔던 꽃과 나무가 만개했다면 그보다 좋을 수는 없는 것이다. 우리에게 귀소 본능이 있는 한 집의 현존하는 모습과 아버지 어머니를 부르면 나올 것 같은 옛 모습의 현장들은 우리를 돌아보게 만들며, 인간이 사람의 감정을 지킬 수 있는 마음을 준다. 우리의 부모님은 안, 이, 비, 설, 신, 의에 준하여 모든 것을 넘나들며 만족을 주신다. 허나 이것이 어긋남으로 인해 사회의 갈등과 혼돈이 시작되는 것이다.

부모가 평범하게 하는 말 어린 청소년에게 빨리 독립하라는 소리

부모들이 자식을 키워가면서 자식을 향해 자발적으로 알아서 해라 이 말을 많이 쓴다. 자식이 항상 간직해야 할 말이기는 하지만 부모들은 자기의 모자람과 힘듦 또는 회피 형식으로 자식에게 많이 활용한다. 이로 인해 정작 자녀는 자발적으로 함으로써 무엇과 무엇이 달라지는지는 모르고 시행한다. 자발적과 독립이란 말은 20세 이하의 어린 아이 및 청소년에게는 절대적으로 필요한 말이지만 부모가 어떻게 운영하는가에 따라 천차만별의 효과가 만들어진다. 우리는 항시 또는 끊임없이 다른 사람과 사회 또는 친지와 협력하고 화합해야 하기 때문에 자발적으로, 라는 말은 마음과 정신을 독립하라는 말이 되어야 한다.

부모 자식 간의 요구조건

인간이 준만큼의 대가를 받길 원하는 것은 너무도 당연한 것이나 부모에게 요구하는 자식의 대가는 끝이 없다. 이는 부모가 소중히 여기는 것을 많이 받기를 원한다. 그것이 돈이라면 그것을 요구하면서 자기도 모르게 본인 스스로도 돈의 노예가 되어간다. 이는 부모의 모습이 자식에게 막대한 영향을 줄 수 있음을 말하는 것이다.

친구처럼 키우는 아버지의 농담

옛말에 오냐오냐 하면서 키운 손주가 할아버지 수염과 상투를 뒤흔든다는 말이 있다. 이 말은 지금의 친구 같은 아빠들이 주의 깊게 들어야할 말이다. 자식과의 대화에서는 자신을 폄하절하 하는 농담과 안 좋은 것에 대한 비유는 장난으로도 하지 않음이 현명하다. 굳이 자식에게 친구 같은 농담을 해야 한다면 자식과 아버지의 선이 분명한 농담을 해야 한다. 부모와 선을 긋는 것이 친구가 아니기 때문이며 부모는 영원히 친구가 될 수 없기 때문에 부모가 어떤 마음으로 농담을 하느냐는 중요하다.

끈기에 맞는 운동이

아이가 자라나는 어린 시절 환경 속 삶의 질이 인간의 기초인 몸의 근력과 머리의 근력을 만들어 내며 아이의 한평생을 살아감에 있어 큰 비중을 차지하게 된다. 몸의 근력으로는 끈기와 노력, 머리의 근력으로는 논리와 대처를 말할 수 있을 것이다. 그러므로 아이에게 맞는 운동은 자발적인 것이 좋으며 설사 숨쉬기나 걷기 운동이라 할지라도 본인의 선택에 의한 운동이라면 지켜볼 일이다. 또한 아이가 약간의 운동의 힘을 빌려서 마음의 근력을 기르려 한다면 자기의 의지로 조금씩 강도를 올리는 것이 이상적이며 적당히 땀을 뺄 때를 기준 삼으면 좋다. 지나친 운동이나 자기가 감당하기 힘든 도전은 개인마다의 차이가 조금은 있을 수 있으나 결코 바람직하지는 않다. 나 자신의 어떠한 목표를 위한 것이라면 정작 목표를 위한 워밍업이 되어야 하는데 무리를 하게 되면 주객이 전도되는 현상이 이루어지기 때문이다. 이것을 적당히 하는 자세가 중요하다. 그래서 어른들이 우리의 어린 자녀를 위해 도와주어야 할 것은 주객이 전도되어 목표를 잊어버리지 않게 하고, 자녀 스스로 할 수 있는 방향을 유도하는 교육방법이 필요하다.

부모의 자식 교육과정 중 체벌에 관하여

어머니는 가정을 지키고 아버지는 돈을 버는 사회 속에서 우리의 현실은 급변해 간다. 급변하는 현실에 발맞추기 위한 노력은 꾸준히 이어온 우리네 가정교육을 어렵게 하고, 사회에서 일어나는 일들은 나날이 집안의 규정이나 규범이 되어버리는 세상이 되었다. 이로 인해 아이들은 학교교육과 가정교육에서 갈등하면서 방황 또는 반항을 한다. 그것에 대한 책임은 부모를 비롯한 사회 모두에게 있다. 그러나 부모의 책임이 무겁고 아픔이 많은 현실로 인해 자식을 올바로 키우기 위한 체벌을 해야 하는데, 때려야 할 시기와 때리지 않아야할 시기가 있다. 자식이 맞을 짓을 했음을 알고 있을 때 안 때리고 바르게 꾸짖는 것도 중요하다. 그러므로 부모가 때릴 수 있는 시기는 본인이 잘못했다는 생각을 하는 부분에서 자식이 생각하는 강도의 생각에 맞추어 힘을 가해야 한다. 체벌에는 절대적인 부모의 사랑과 정으로 해야 하는 것은 물론이며 본인 또한 바른 모습이 있어야 한다. 특히 아버지의 기상이 살아있는 시기의 체벌에는 더욱더 주의가 필요하다. 이는 체벌이라는 말이 있고 없고를 떠나서 자기 자신이 체벌을 할 수 있는 사람인가를 생각하고 그것이 아니라면 체벌을 하지 말아야 한다.

빠른 교육=사랑의 마음에 체벌이 있으되, 본인의 바른 행동 본보기가 가능한 형식.

느린 교육=체벌이 없으며 엄청난 인내심, 화술이 있어야 한다.
(친구 같은 아빠 같은 행동)

자식의 삐침 현상과 부모의 서운한 현상

부모 자식 간에 서운함은 자식은 어릴 때 확대되고 부모는 나이 들어 확대되어 나타나며, 자식은 무의식에 자리 잡고 있던 것을 부모에게 풀어나간다. 허나 풀어지는 시기는 평생을 두고 조금씩 때로는 어느 한 시기에만 방출될 때도 있다. 그 시기가 주로 자식에게는 사춘기고 부모는 아기를 가진 시점부터 자식 스스로가 자존감이 생길 때까지다.

부모의 삐침 현상, 자식이나 부모나 인간이기에 삐지는 현상은 그 누구에게나 일어난다. 하지만 삐짐의 무게에는 조금씩 차이가 있다. 자식이 부모에게 불성실하게 하는 모습에 부모들의 삐지는 현상은 천태만상이다. 예를 들어보자. 어떠한 형태로든 부모나 자식 간에 서운한 말이 나왔을 때 부모든 자식이든 그것에 대한 충격은 다를 것이 없다. 허나 부모는 부모대로 자식은 자식대로 상처의 여파는 다르다. 마음과 정성으로 키운 부모일수록 그 서운함과 삐짐이 강하고 내색을 안 하려고 노력을 한다. 자식 또한 부모에게 잘 하려 하는 자식이 서운하고 삐짐이 크다. 허나 내색을 안 하려고 노력한다. 반대로 자식을 대충대충 키우는 부모는 삐짐과 서운함이 덜하며 개념 없는 성질을 자주 낸다. 자식 또한 마찬가지다.

인간의 의미와 부모가 자식에게 하는 악담

부부간의 습관이나 버릇들이 자식에게 이어지는 것은 당연한 일이다. 부모들이 삶에 쫓겨 자신을 모르고 사는 이들에게 가정을 돌보라는 사랑의 경고를 대 자연이 그나마 자식을 통해 보여줌으로 해서 이을 보고 깨달을 수 있게끔 하는 것이다. 그것을 모르고 보기 싫다 하여 너 닮은 아이 낳아서 그 고통을 겪어 보라는 말을 하며 자식의 힘든 미래를 본의 아니게 악담으로 밝혀주는 역할을 하고 있음을 알아야 한다.

어릴 때의 호기심에 부모의 대처는

호기심은 사람에게 무한한 힘과 실행의 힘을 만들어 준다. 하지만 어린 시절을 지내오면서 완화되어 지나친 간섭과 지나친 제재는 한 인간의 꿈과 희망, 발전을 꺾는 현실로 나타나게 된다. 어릴 적에는 모든 것에 호기심을 느낀다. 허나 거기에서 부모는 자기 삶에 옳은 것과 옳지 않은 것을 기준을 잡아 교육을 시킨다. 그것은 잘못된 교육으로 갈 수가 있다. 아이에게는 옳고 그름이 존재하지 않기 때문이다. 그러나 이 또한 너무 방관하면 곳곳에 항상 신체를 위협하는 위험이 있기에 아픔을 가질 수가 있다. 그러기에 항시 주시해야 한다. 호기심이 끝나는 순간까지.

부부의 만남, 인간이 태어난 이유

옛 문언에 나오는 신화적인 이야기로 들어가 보자. 인간을 신이 만들 때 자신과 같은 모습에 남자와 여자를 등끼리 붙어 있는 모습으로 만들었다고 한다. 헌데 이 인간이 같은 생각을 가지고 협력해서 추진하는 모든 일들이 만들어준 신보다 뛰어난 능력이 보여짐으로 인해 불안해진 신이 둘로 갈라놓았다고 한다. 이에 반해 자연은 어떠한 짝을 만나든 서로의 합체를 통해 더 나은 발전을 바라기 때문에 충돌을 시킨다. 연인이 자기와 성향이 다른 이에게 끌리는 이유는 부족한 것을 보안하여 훌륭한 가정을 꾸리기 위함이다. 하지만 우리는 더없이 좋은 조화를 이룬 것임에도 불구하고 순탄함을 거부하고 굴곡으로 가는 삶에 발을 담그고 싶어 한다.

남과 여의 수직 수평적인 관계

가부장적인 사회가 만들어 놓은 병패 중 대화 할 때의 방식이 남자의 수직적 관계와 여자의 수평적 관계가 만들어져 있는 것이다. 대화할 때 수평적 관계인 할머니, 며느리, 큰딸, 둘째, 셋째 딸이 둘러앉아 이야기할 때는 할머니가 이야기하고 나면 남은 이들 중 한 명이 이야기 해도 별 무리가 없다. 그러나 할아버지가 이야기 하면 다음은 아버지가 다음은 큰아들이 순서대로 해야 하는 남자들의 수직적인 관계는 우리의 장래문화 또는 남자들의 서열싸움에서 온 형식이다.

인간 탄생의 비화 및 자궁에서 나오는 과정의 의미

인간이 태어나는 과정을 살펴보면 정자를 받아 난자와 결합시키면 인간도 아니고 동물도 아닌 알과 같은 덩어리로 만들어지는 것이다. 이는 2개월 간의 노력으로 핵 덩어리가 만들어지면 3개월이 되어가는 기간 속에 인간이라는 완전체를 만들어낸다. 나머지 7개월을 어머니 뱃속에서 사회 공부를 하며 부모의 사랑을 확인한다.

이로 인해 10 개월이 다 되면 세상 밖으로 나오는데 정상 분만과 제왕 절개는 차이가 많이 난다는 것을 알아야 한다. 정상 분만하는 아이의 불안함은 어머니를 5분 간격으로 신호 주며 자기가 나갈 준비를 하고 있으니 "엄마가 도와주세요." 하면서 요청을 한다. 그러면 아기의 마음을 눈치 챈 어머니는 살을 찢어야 하는 고통을 감수하면서 아기의 출생을 돕는다. 하지만 아기 또한 어머니의 스마일과 같은 비스듬한 자궁에서 나오기 위해 스스로 머리뼈를 이완 시키는 고통을 참아내며 어머니의 배란관을 타고 나온다. 이것은 어머니의 고통만큼이나 아기가 나오고자 하는 열망과 고통이 더 심하다 할 수 있을 것이다. 허나 제왕절개의 아기는 그 고통을 모르고 태어나기에 자신이 이끄는 힘과 방어체계가 정상 분

만의 아기보다 많이 떨어진다는 학설이 있다(면역기능, 사고력, 집념 그것이 부족한 것이다)

그렇다면 우리는 부부의 힘으로 자식의 사회에 좋은 조건을 만들기 위해서는 태아 때의 과정과 낳을 때의 과정에서 정상 분만을 위해 무던히 노력을 하여야만 하는 것이다.

남과 여가 이성에 끌리는 이유

남과 여는 서로 모자란 것에 대한 갈망이 서로를 아름답게 또는 멋있게 만든다. 끌리는 마음에 만남을 갖고 만나는 것만으로는 부족하여 결혼한다. 그러기에 이성에게 자주 끌리는 이는 자기의 부족한 부분을 가지고 있는 이를 못 만났기에 자꾸 시선을 밖으로 돌리게 된다. 하지만 자기에게 딱 맞는 이가 있어도 서로의 의견 차이로 인해 기분이 나쁠 때에나 기분을 상하게 할 때에는 또 다른 이가 있을 거야 하는 생각을 한다. 이것은 인간의 끝없는 욕망과 이기주의적인 발상에서 오는 것인데 너무 많이 개방된 사회의 병폐이기도 하다. 자기가 원하는 취향이 다양하게 있음을 매개체를 통하여 또는 지구촌을 통하여 충분히 느끼기 때문이다.

남녀의 고집

남자가 고집을 피우는 것은 하고자 하는 일을 못하게 하는 과정 속에서 자존심이 상해서이고, 여자가 고집을 피우는 것은 남자 하나만을 믿고 살아온 현실 속에서 남자가 나에게는 관심이 없는 것처럼 자기만을 위해 살아가는 모습이 보여질 때 나타나는 현상이다. 그러므로 가정을 가진 여자가 가정을 위해 또한 자기 현실의 만족을 위해 남자를 나무라거나 재재를 가할 때 자존심에 상처를 줄 수 있으므로 말하기 전에 한 번 더 생각함이 현명하다. 남자는 행동하기에 앞서 물어보며 의논하는 모습의 현명함을 보여야 할 것이다.

보호를 받으려 하는 여성의 본질에는

여자는 끊임없이 보호를 받길 원한다. 이는 여성호르몬이 많은 이들의 전유물이며 사치와 유행 속에 따라하려는 자기 과시 또한 또 다른 보호본능의 유발 행위이다. 이들은 나쁜 남자가 좋아 보이며 그 이유는 남자의 강함에 있다. 이것은 자기를 보호해줄 수 있는 마음에서 온다. 그러므로 남자의 대결에서 나쁜 남자가 지는 모습이 나온다면 많은 믿음을 실추시키는 역할을 할 것이다.

부모에게는 자식의 말 한마디가 뼈가 시릴 정도의 아픔으로 다가 온다

모든 만물은 자기 자신의 안위를 생각한다. 인간 또한 다르지 않지만 부모 자식 사이에서 인간이 조금 더 나아지기 위한 과정을 밟기 위함인데 그 속에서 우리 부모들은 자기의 안위보다는 자식의 안위를 조금 더 생각하려고 노력한다. 이것은 인간이 행해야할 당연한 이유다. 그러므로 부모에게도 많은 힘듦이 존재하는 것에 대해서는 부인할 수 없다. 그러기에 자식이 부모에게 표현함에 있어 조금은 신중해야 한다. 이는 부모가 자신보다는 자식을 마음속에 담았기 때문이다. 이때에는 자식의 사소한 이야기도 부모에게는 백 배 또는 사람에 따라 그 느낌은 다르지만 최소한 열 배 이상은 아프다.

인간의 성향

인간은 0세부터 20세까지의 삶을 죽는 그 순간까지 그것을 조율하고 또 조율하면서 살아간다. 20년간 쌓은 탑을 조금씩 헐어서 다 풀어놓고 다시 자기 스스로 쌓아가는 것이다. 그래서 어릴 적 교육이 잘되고 못되고의 차이는 클 수밖에 없다.

인간이 부부가 되어 살아가기까지는

남자로 태어나 살아가면서 다른 성에 대한 호기심과 세상을 알고자 하는 욕망이 사춘기를 거치면서 시작된다. 이는 나이와는 상관없이 평생의 삶을 살아가는 동안에 남자들에게 한 번은 받아들여야 하는 숙명이다. 자기의 외로움과 독립을 배우는 시기임을 의미한다. 이시기는 주로 15세부터 30세 사이에 많이 나타나는 현상이다 이들은 여기저기 기웃거리다가 가장 끌리는 성을 택하여 자기만의 유리성과 모래성을 번갈아 쌓아가며 깨지고 흩어지는 과정을 통해 자기의 부족함을 알게 되고, 이로 인하여 자기의 없는 부분을 갖추기 위한 노력을 하게 된다. 하지만 이러한 노력이 집착이 되면 모든 여자를 상대로 질주를 하는 어리석음을 보이기도 한다. 이러한 과정은 그나마 과감하고 끼가 있으며 말을 잘하고 능구렁이 같이 끈기가 있는 자들이 먼저 가정을 갈게 되고, 그러지 못한 부류는 자신감의 결여로 인하여 여자의 선택이 없이는 가정을 꾸리지 못하는 현실을 살아간다.

이들이 만나서 교재를 하고 결혼을 하기까지는 서로를 이해하고 사랑하기보다는 조급함, 사회에 밀려서, 남이 하니깐, 이러한 수식어들이 속내에 있지만 이를 살짝 덮은 채

설렘과 흥분, 당장 좋고 간절함을 사랑으로 표방하여 선택을 한다. 이것은 자신의 진실한 의지와 상관없이 일시적인 방향을 우선적으로 선호하는 현상이므로 사랑이란 관점과는 차원이 너무 멀다 할 것이다. 하지만 이들은 결혼을 하면 모든 것이 이루어진 것처럼 행동을 하며 이제 나의 것이 되었으니 어찌 잡은 고기에 떡밥을 주겠는가 하는 어리석음에 도달하게 된다. 이는 상대를 알고 이해하며 정을 쌓고 사랑이란 언어에 도전을 하여 일가를 이루기 위해 노력하는 마음 자세가 아니기에 사회 또는 가정에 매우 불안한 요소로 자리한다. 우리 사회는 핵가족화 되면서 혼자 살아도 부족함이 없을 정도의 사회를 구성하고 있다. 나만이 즐거움을 찾는 사회는 현실의 지나친 애정과 지나친 욕심으로 사회문화의 혼돈을 가져다주고 있음으로, 그것을 방비하기 위해서는 집안과 집안의 만남을 중요시해야 한다. 이는 인간은 환경의 지배를 받기 때문이며 집안 분위기나 그 집의 가풍은 그 사람의 정신세계를 좌지우지하기 때문이다.

부부의 다른 점을 인지하라

부부가 살아가면서 서로를 알고 신뢰가 쌓였다 하여 그를 위하는 마음에 상대방의 단점을 고쳐 사회에 나가 성공을 시킨다는 생각은 위험한 발상이다. 몸에 배어 있는 편안함을 고치려 하는 것이기에 반발과 어깃장으로 다가올 수 있기 때문이다. 또한 성격이 다르다고 하는 것은 즐거움도 다르다고 할 수 있다. 그러기에 상대방의 마음에 맞는 즐거움을 줘야 하며 고친다는 생각을 버리고 어떠한 방법으로 도울까 하는 생각을 먼저 해야 한다. 일반적으로 남자는 과거와 미래주의이며 여자는 현실주의자들이다. 이것이 대다수를 이루고 있기에 때로는 앞장서나가 주는 지혜와 빠져주는 배려가 필요하다. 이러한 배려의 가장 중요한 것은 시기와 때를 잘 맞춰야 한다는 것이다.

인간의 정당성은 개인에게 있는 것이 아니고 쌍방에 있다

우리의 결혼 생활은 자기가 뜻한 길과 방향이 맞는 사람을 선택하여 자기의 꿈과 발전을 이루어 나가야 하는 것이 우리 미래의 바람직한 상이다. 허나 부부가 자기 생각에만 맞는 정당성을 가지고 너 때문에 내가 이러는 거야 하며 자기도 모르는 수많은 잘못을 저질러 가정불화의 원인이 되고 있다.

가정의 일상에서 누구든 잘못을 했을 때 미워하는 것과 감싸주는 척도가 잘못을 저지른 이의 마음에 흡족하지 않았다면 그것은 잘 못하고 있는 위로와 질책이 될 것이다. 그러므로 상대방이 고맙게 또는 뉘우치게 만들지 않고서는 어떠한 정당성도 인정받을 수 없는 것이다.

부부로 만난다는 것은

남과여가 자기에 없는 점을 동경하며 채우려 하는 이유는 같이 힘을 합쳐서 일을 하면 어떠한 일이든 해쳐 나갈 수 있기에 최적의 반려자를 구하는 것이며 또한 가정을 꾸미고 살면서 서로가 큰 소리를 내는 것은 상대방을 인정하는 과정 속에서 부족한 점을 채워 주며 서로에게는 확고한 믿음을 만들고자 하는 마음이 생겨난 것이다.

부모의 잘못된 배려

약자인 자식이 부모에게 반항을 하는 것은 부모를 믿기 때문이며 특히 가족이 모인 곳에서 형제나 남매간에 기를 못 피고 사는 이의 행동에는 부모에게 도발을 하는 경우가 있는데 이들에게 는 자신의 설움이 복받쳐 있기에 가정의 중심을 못 잡는 부모의 질책하는 큰소리에 맞추어 반발 하는 행동과 언사가 나오게 되는 것이다. 이때 도발하는 자식의 행동에 당황한 부모가 배려와 생각 없이 무시하는 말을 하게 되는데 이는 자식에게 더 큰 상처를 줄뿐이며 부모의 어리석음을 단적으로 보여주는 행위인 것이다.

이혼

어렵던 시절 우리 정서 속에 회자 되었던 말 중에는 사업과 연애는 어떠한 감언이설로든 성공을 하면 용서가 된다는 말이 있었다. 우리의 연애 시절 서로에게 잘 보이기 위해 포장된 모습으로 얼마나 노력했던가. 이는 우리사회에서 두드러지게 나타나는 현상이었으며 이러함에 속아 결혼을 하여 가정을 이룬 이들이 우리사회에 주류를 이루면서 황혼 이혼이라는 말을 만들어 내었다. 그러나 그 시절의 순수함이 있어 오랜 세월을 같이 살아왔다. 하지만 21세기 지금의 현실은 착하고 순수함은 바보스러움으로 치부되고 약삭빠르고 악착같은 이들이 대세인 현실 속에 과장된 모습이 습관처럼 내려와 연애 시절 지나치게 부풀리는 이들로 인해 사회 또는 가정이 위태로워진 것이다.

부모들의 관심이 미치는 영향

부모가 자식을 키우며 사회의 적응을 위한 교육을 할 때 자식의 근기에 맞추어 가르쳐야 하는 이유가 있다. 지나친 보호나 방관 속에 자라나는 우리의 자녀들이 사회 속으로 진출하게 되면, 대다수가 그룹 속에서 본인의 정체성 붕괴로 인해 뜻과 말, 행동, 처신이 각자 따로 노는 상황에 봉착하기 때문이다.

100세 시대 효를 받는 어른들의 자세

효를 죽어서 받는 시대에서 살아생전에 받는 시대로 변했다. 어려운 시절에는 60~70살이 삶을 마감하는 시기이기에 효를 바라기보다는 부모들의 사후에 자식들의 굶주림이 없길 바라는 마음이 너무도 컸다. 그래서 자신을 돌볼 생각 없이 앞만 보고 전진하느라 자식에게 본인의 희생이 얼마나 컸는지에 대해 알리는 것을 꺼려하였다. 그로 인해 우리의 부모들의 삶의 시간은 짧아지고 자식 또한 스스로 알기까지 부모는 기다려주지 않는다는 말을 가능케 하였다. 부모의 마음을 알아주는 나이가 되기까지는 시일이 너무 길다는 이야기이다. 허나 지금은 100세 시대이기에 충분하게 효를 받을 수 있는 시기라 말할 수 있다. 하지만 부모들이 옛날 방식만을 고집하여 부모의 어려움을 말하지 않는다면 천년을 산다 하여도 자식에 효를 받기란 어려운 일이다. 그러므로 지금의 교육 방침에서는 조급해서는 안되며 진솔한 서운함을 조금씩은 내보이면서 타협해 나감이 옳을 것이다.

잘나가는 이의 안일함

우리사회에 많이 안다는 이들은 거기에 만 진실이 있다고 생각하기에 정작 부인이 원하는 것을 또는 아이들이 원하는 것이 무엇인가를 정작 모를 수가 있다. 이는 산의 정상에 오르는 길이 자기가 생각하는 길만이 옳다는 생각에서 오는 것 이며 자식에 근기나 부인에 근기에 맞는 길이 무수히 많이 있음을 모르는 것이다 그것으로 인한 착오가 가정의 불화를 만들어 나간다.

봉건사회가 우리 가정에 들어와야 한다

민주사회의 이기주의와 봉건주의라는 단어는 동질감을 가지고 있다. 작은 이기주의가 똥고집을 만들고, 개인 이기주의는 아집을 만든다. 가정의 이기주의가 고집은 만들고, 지역의 이기주의가 주관을 만든다. 국가의 이기주의가 자존감을 만든다. 이렇듯 이기주의란 모든 사회생활에 꼭 필수적이며 있어야 하는 것이다. 허나 이기주의란 흐르는 물과 같기에 머무르면 고이고 고이면 썩는 것이다. 그러므로 이기주의는 흘러야 하며 흐르는 과정은 실행의 연속선상에 있어야 한다. 인간과 물의 비유는 조금 차이가 있는데 물 자체는 흐름으로 정화가 되고 인간은 자기의 성찰이 있지 않으면 흐르는 와중에도 썩는 물질이기에 자기의 성찰을 최고로 두어야 한다. 이후 자신의 성찰이 되었다면 화합이라는 단어를 떠올려야 하며 화합에는 배려와 이치가 최우선이 되어야 함을 잊어서는 안 된다. 또한 객관적인 이기주의와 주관적인 이기주의를 나열하였을 때 둘은 꼭 붙어 다녀야 하는 사이지만 객관이 먼저냐 주관이 먼저냐에 대해서는 큰 차이가 있을 수 있기에 유념해야 한다.

부부가 각자 지키고자하는 마지막 자존심

부부의 자존심은 자기의 잘못으로 인해 혼쭐이 나면서까지도 고치지 않으려고 하는 행동이 있다. 여기에는 부부가 지키고자 하는 최소한의 자존심이 있기 때문이며 이러한 자존심은 마지막까지 상대방이 알아주었으면 하는 것이기에 부부는 둘만의 관계를 이것으로 확인한다. 만약에 부부 중 한 사람이 이러한 모습을 보여 후회스러운 감정이 생긴다면 먼저 긍정과 칭찬을 하고난 후 지적하는 것이 현명하다. 이는 인간이 살아가면서 서로가 본보기가 되려고 자의든 타의든 간에 무의식적으로 애를 쓰는 면이 있기에 일시적인 모습을 보고 마음에 상처를 주면 안 되기 때문이다.

집안을 꾸려가는 현실의 방식

사회에서도 대출을 받기 위해서는 자기소개서와 사업계획서를 준비한다. 또한 반환 희소성 또는 성공 확률을 제출하듯이 집안도 마찬가지다. 그것에 준해 맞추어 계획을 세운다면 집안의 가장은 모든 지원이 가능하게 해야 한다. 또한 나라의 돈을 끌어 쓰기 위해 공공성이 들어가듯 집안도 마찬가지로 집안의 위상과 집안을 위해서 하는 일이면 그 위상만으로도 투자가 되어야 하는 것이다.

집안을 꾸리기 위한 배려

부모가 재산을 모았다면 모은 재산을 가지고 자식에게 유지 시킬 수 있는 직업 또는 업체를 만들어 놓아야 한다. 허나 인간이 살다보면 실패가 있기 때문에 그것마저도 배려해 두어야 하는 것이 좋으며 실패를 딛고 일어날 수 있는 그러한 능력을 키워주는 것은 더더욱 중요하다. 부모가 자식을 알고 배려해주는 적정 금액은 매우 훌륭하다 말할 것이며 이를 자력으로 일어나게 한다면 이것이 최고의 반열일 것이다. 하지만 자력에도 격려와 관심이 꼭 필요함을 잊어서는 안 될 것이다.

사랑의 정의

사랑은 주는 것이 아니고 받는 것도 아니다 그러면 사랑이란 뭐냐? 사랑을 줄 때는 주는 시기를 알아 주어야 하고 받을 때는 행복함을 다해 받을 줄 알아야 한다. 고로 사랑은 관심과 상황에 맞는 배려인 것이다. 20여년 이상 연장된 생명으로 인해 우리는 환경의 변화에만 치중하다보니 보이지 않는 마음의 변화가 일어나지 않고 있다. 20년의 차이를 극복할 수 있는 우리의 마음가짐이 필요하다.

대를 이을 자식만이 출산되는 지금 돈의 망상에 사로잡힌 부모의 어려움

이혼 또는 별거로 인해 홀로 사는 부모가 많다. 지금 여와 남을 망라해 그 집안의 대를 이을 아기들만 태어나는 현실이다. 자식이 많다는 것은 복이며 불행의 불씨도 될 수 있음을 간과해선 안 될 일이다. 이는 모든 자식이 사랑에 굶주리지 아니하며 바르게 키워야하는 자기 자신의 능력이 바탕이 되어야 하기 때문이다. 밑바탕 없이 무작정 낳는다면 때론 자식들이 두리뭉실하게 서로 도우며 잘 자라는 경우도 있으나, 대부분 부모의 무모한 욕심이 자식들의 불협화음을 만들 수밖에 없다. 세월이 흘러 이런 부부들은 내가 자식들을 어떻게 키웠는데, 돈을 얼마나 많이 들였는데, 라는 말을 나열하게 된다. 분명한 것은 그렇게 불효하게 키웠으며 돈 또한 불효하게 썼을 뿐이다. 그러한 자식에게 치사한 마음이 들어 의지하기는 싫고 돈 쓴 것이라도 받아보겠다는 심사로 마음에도 없는 말을 하는 것이다. 나 스스로 잘 살 테니까 너희들끼리 잘 살고 용돈이나 많이 보내. 이 말은 가능한 말이지만 정답이 되어서는 안 된다. 이는 돈을 조금이라도 더 주길 바라는 마음이 문제가 되며 자식이 돈을 줄 때 마음을 넣어서 보내라는 말이 빠져 있기에 더 큰 문제가 되는 것이다.

여성과 남성의 습성에 의한 조화

가정은 쉬는 공간이며 꾸준히 이어가야 할 공간이기에 자기가 중요하게 생각하는 것에 대한 애착이 지배적일 수밖에 없다. 남녀를 불문하고 그 곳에 민감하며 그 곳에 대해 세심하게 신경을 쓰는 것이 무엇보다도 강하다. 또한 남자의 번식 능력은 종족유지에 관한 심각성이 가정을 지켜야 한다는 무의식으로 남으며, 이에 여자는 귀한 것에 올인 하는 습성과 애착이 있기에 세상 사물에 꽂힐 수가 있다. 그러므로 여자와 남자가 같은 사물과 이상에 꽂혔을 때는 확실한 성공을 이끌 수 있음으로 시작과 끝을 부부의 상의 하에 이루는 것이 현명한 일이다. 허나 모든 여자 또는 모든 남자로 규정지어서는 안 되는 것은 남자 같은 여자, 여자 같은 남자가 성격의 섬세함으로 공존하고 있음으로 개인성향에 준하여 특수성을 배재하고 일반적인 기준에서 말하는 것이다.

중용을 지키는 것은

사람은 즐거워도 그 웃음이 자기 담장 너머로 가지 않고 슬퍼도 그 울음소리가 자기 담장을 넘지 말게 해야 한다. 너무 크게 기뻐하고 너무 슬퍼하면 이것을 바라보는 이와 듣는 이에게 혼돈을 주고 어려움을 주기 때문이다.

어머니와 여성

여자라 함은 여성의 성향을 가진 이들을 통칭해야 하지만 여자 의미의 전부는 몸소 아기를 간직하고 잉태한 이를 말함이다. 낳은 정과 마음으로 낳은 기른 정으로 인해 어머니가 된다. 아기를 잉태함은 자기와 더불어 아기의 삶을 위해 노력한다는 다짐이다. 간혹 아기가 귀여움과 예쁨의 상태일 뿐 자기를 더 만이 우선시 하는 경우가 있다. 이는 자기 자신이 어렸을 때의 학습에서 오는 것이기에 부모가 되어 자식을 키울 때의 환경은 매우 중요하다.

부부의 삶 속에는 존중이란 너무도 어려운 과제이다

부부가 삶을 살아가면서 존중에 단계까지 가는 것이 가장 바람직하다 말할 수 있다. 허나 인간의 삶 속에서 존중이라는 말을 이끌어 내기란 어려우며 더욱이 부부의 삶 속에서는 거의 불가능한 일이다. 부부의 삶이란 대부분이 무관심과 자기 일에 빠져 또는 포기함에 있기에 존중보다는 행위에 맞는 결과가 많이 있을 뿐이다.

배려함에 높은 단계의 세 가지 유형

배려에 관해 나는 1차 2차 3차로 나누려 한다. 때론 무한정의 차원이 존재할 수도 있다. 허나 우리가 살아가는 지구의 인간들 모두는 1, 2, 3차 한계를 벗어나기란 너무 힘들고 어려운 일이기에 이 기준으로만 이야기를 해보기로 한다. 1차의 배려는 외형상의 배려이다. 2차의 배려는 내면의 배려이다. 3차의 배려는 미래 지향적인 배려심이다. 그럼 1차적인 배려는 무엇일까? 말 그대로 보이는 것이 나쁘거나 좋지 않게 생각하면 관여를 하는 것이다. 이는 자기주관적인 것이기에 너무 위험하다. 2차적인 배려는 보여지는 것을 그대로 안보고 마음에 있는 감정을 어루만져 주는 것이다. 보이지 않는 감정을 읽어야 하기에 많은 어려움이 따른다. 3차의 배려는 아픔과 기쁨을 같이하며 그들의 나은 미래를 위해 노력하는 것이다. 이렇듯 1, 2, 3단계 중 최고인 3단계는 부모님이 자식을 대하는 모습이어야 한다. 옛부터 우리는 그러한 집안의 힘으로 현재의 모든 집안이 혜택을 누려 왔듯이 우리는 각자가 가정에서 훌륭함 또는 강한 의지와 가풍을 이어받아 부모님과 웃어른 공경에 힘써야 할 것이다.

인간이 갖고 있는 능력을 이론으로만 판단하는 현실

두 살 먹은 아이가 자기 부모가 맞는 것을 보고 가만히 있지 않고, 부모를 때린 사람에게 울면서 달려들어 때리는 것을 흔히들 보았을 것이다. 그것이 인간과 동물의 차이다. (눈물이 난다) 어린 아들이나 딸의 용기는 부모에 대한 무한한 사랑이다. 부모 또한 자식에게 그 모습을 보이지만 이것이 다른 것은 본인이 가지고 있는 능력에 비해 행동은 동일시되었다는 것이며, 우리의 일반적인 상식을 뛰어 넘었다는 것이다. 이렇듯 인간은 모두가 자기의 환경적인 삶에 적응을 하면서 순간순간 거기에 반응을 하려는 습성이 그 무엇보다 강하다. 허나 사회는 그러한 환경 또는 여건을 전혀 감안하지 않고 판단한다. 이는 너무 이론만 앞세우는 지식인들의 탁상공론화 되는 과정인 것이다. 어린 아이의 뇌가 자라나는 세 살까지는 말을 재대로 못해도 느낌과 영감은 일반인의 몇 배의 감성을 갖는다.

인간의 성격에는 천차만별의 다양성이 있다

남자와 같은 성향의 여자와, 여자와 같은 성향의 남자가 외형이나 내면으로 들어가면 성향의 높낮이에 따라 실과 득이 있을 수 없기에, 살아 보지 않고 부부관계는 아무도 모른다, 라는 말이 성립된다. 왜일까? 남자의 여성적 감성이나 여자의 남성적 감성은 외형의 모습으로 나타나지 않기 때문이며, 친하거나 가까운 사이가 아니면 보여지지 않기 때문이다. 허나 부부는 안 보려 해도 보이는 사이이다. 사람마다 보여지는 기간은 각기 다르지만 보여질 수밖에 없는 것이 기정사실이다.

여성의 호르몬이 남성의 호르몬보다 우월하다?

남성 호르몬이 많은 이의 행동에는 활동적이고 강인하며 대범함이 내포되어 있고, 여성 호르몬이 많은 이의 행동에는 소극적이며 세밀하고 지능적인 면이 내포 되어있다. 그러므로 남과 여 중 어느 한 쪽이 우성이라 말할 수 없다. 단지 자기 방향에서는 최고이며 다른 방향에 대해서는 무지이기 때문에 사회가 어떤 환경에 처해 있는가에 따라 한 쪽의 우월성이 돋보이는 것이다. 그러므로 남과 여의 조합이야말로 가장 완벽에 가까운 완전체라 할 수 있을 것이다. 하지만 각자가 장단점을 모두 갖고 있는 입장이기에 서로가 최고의 능력으로 조율하지 않으면 인생 자체가 어려움에 휩싸이게 된다. 그렇기 때문에 서로 노력을 해야 함이 옳을 것이다. 또한 여성과 남성 호르몬은 개성이 너무도 틀리며 뚜렷하기에 서로를 인정하지 않으면 좋은 조합을 이룰 수 없다는 것이다. 예를 들어 옛날 석기시대로 돌아가 보면 그 시절에는 남녀 가리지 않고 각자가 돌도끼나 몽둥이로 사냥을 하며 살았던 시절이었다. 이성이란 찾아보기 힘들며 단지 살기 위한 일념으로 먹어야 하는 시대였다. 그나마 대범하고 뼈대가 강한 남자들이 생각을 많이 하는 여자들에 비해 사냥을 잘 했으며, 이에 미치지 못한 여자들은 머리를 써야만 했다. 그리고 여자가 편한 쪽 내지는 안전한 쪽으로 선택했다. 즉 같이 사냥을 하다 보니 위험도 남자보다는 더 느끼며 실적도 별로임을 느꼈을 것이다. 그래서 남자를 앞세우는 전략을 써야 했고 자기만 먹기 위해 사냥을 했던 남자들은 평소대로 잡아오는 양으로는 둘이 먹을 수 없기에 조금 더 많이 잡아 올 수 있게 가진 아양을 떨어 남자를 지배했다. 그것만으로는 부족하여 혹시나 잡아온 고기를 남을 줄 수도 있음으로 질투가 시작이 되고 이에 현명한 여자는 남자가 가지고 온 고기를 양념을 해서 썩지 않게 저장하여 사냥을 못할 때를 대비하면서 꾸준히 구해 올 수 있는 내조가 시작된 것이다. 이는 지배한 이들에게 참음에 고통이 따르듯이 여자의 속성인 호르몬과 남자의 속성인 호르몬이 가장 왕성할 때 월권이 이루어지는데, 묵묵히 일하는 남자보다 그를 독려하고 게으름을 방지해야만 하는 여자가 더 분통이 터지는데, 이때가 여자의 호르몬이 가장 왕성할 때이다. 이때는 여자의 월권이 일어날 수 있음으로 남자가 눈치를 체고 행동거지에 조심을 해야 한다. 이는 지금의 사회와 별반 다를 것이 없다. 또한 유전 인자의 속성은 대우를 하면 그것을 누리려고 하는 마음이 존재하며, 수시로 변하는 마음에 자기 편리한 대로 변하고자 하는 열망이 강하기에 인간이란 양쪽을 넘나들 수 있는 경계에 서있는 존재들이다. 남성의 호르몬이 왕성하게 발산하는 이는 여성 호르몬을 발산하는 이에게 초점이 맞춰지듯이 여성 또한 마찬가지다. 하지만 여성과 남성의 호르몬이 또는 남성과 여성의 호르몬이 왕성할 때는 부인 또는 남편이 경쟁에 대상이 되어 자기를 잠식할 수 있음에 대한 불안감 때문에, 우위를 갖기 위해 대우와 심동 또는 원하는 것이 많아지는 것이다.

제2부

일반인의 사회사

의미를 모르는 형태

인간의 모습에서 선무당적인 일들이 비일비재하다. 정의롭고 선한 마음을 가진 모든 국민들이 사회를 살아감에 있어 인생을 확실히 알지 못함으로 인해 작은 끼어들음을 꾸준히 시도 하면서 자신감을 쌓는다. 세상을 알기 시작하면서 조금씩 대범해지는데 여기에서 기를 죽이면 이것에 의한 충격에 자신감을 회복하는 그 날이 언제가 될지 모른다. 그 기간 동안 모든 이들을 혐오하고 증오한다. 허나 살짝 밟힌 이는 꾸준한 도전으로 자기 자신의 발전을 꾀하는데 이들의 형태는 사람마다 천차만별이다. 이들의 노력 끝에 선무당이 되면 모든 일에 나서려 하는 마음이 생겨난다. 뚜렷이 알지는 못하여도 알 수 있는 줄기를 잡은 것과 같아서 조금씩 끼어드는데, 이들이 말을 할 때는 자기 말이 다 맞다는 주장에 열의를 다한다. 하지만 편을 들을 때와 안 들을 때, 또는 바른 말을 할 때와 안해야 할 때를 구분을 못하는 것과 다름이 없으며, 이러한 현상으로 남을 알기는 하나 배려함을 모르는 일이 시작된 것이다. 그러므로 남을 이해하듯이 말을 하지만 모든 이들을 상처 주는 최고의 단계가 된다.

때론 이러함이 자기가 원하지 않은 인생의 전환점을 갖는 시기이기도 하기에 현실의 부족함을 느끼며 노력하는 이는 자기를 알고 남을 배려하는 마음을 가지려 하는 것이다. 이러한 현실과 부딪치며 살다보면 자기를 아는 마음이 커져 남을 배려함에 어긋남이 없게 되는 것이다. 인간이 어긋남이 없음이라는 말이 자기의 것이 되려면 꾸준한 자기성찰과 현실에 맞는 이치로 무장을 해야 한다. 여기에서는 자연의 만물 모든 것이 배려라는 것을 알게 되며 배려라 함이 환경을 가미한 배려이듯이 인간이 처해있는 현실 속의 환경을 생각하며 그를 생각하고 나를 생각하여 배려가 이루어져야 한다는 것이다. 그러므로 무분별한 도움으로 배려를 말하지 말라는 것이다.

인생의 의미를 나이가 들면 자동적으로 아는 것이 있다

나이가 들어서 잔소리가 많아지는 이유는 인생의 지혜를 모르고 살다가 많은 시행착오 속에서 인생의 참 뜻을 알기 시작하면서 부터이며 자기 나름대로 깨달은 것을 가르쳐서 자식만은 자신의 전 처를 겪지 않기를 바라는 마음에서 시작을 하는데 이때 여유로운 마음으로 조언을 하지 못하고 조급한마음을 내세운다면 차라리 침묵으로 지켜봐 주는 것이 자식의 교육에는 더욱더 효과적이다.

나의 머리를 왜 붙들어야 하는가

인간은 옳고 그름이라는 명제를 갖고 이 세상을 살아간다. 허나 옳고 그름에는 옳음과 그릇됨으로 가기 위한 과정 속에 진행이 있다. 어느 것이 우선이 되어야 하는지에 관해 우리는 과정 속 진행을 단계별로 생각해야 한다. 사람 또한 마찬가지다. 여자 남자 이 두 부류로만 생각하는 이들이 세상의 눈을 멀게 하고 바로 볼 수 있는 힘을 차단한다. 이것은 우리나라의 어려운 시절에 대충대충 넘어가자는 사회 분위기가 만든 아픈 현실이다. 그로 인하여 그릇된 일들이 너무 많이 발전함에 이것만은 간절히 변하지 않았으면 하는 것이 있다. 그것이 행정공무원들의 공정성이며 옳고 그름을 판단해 주는 법관과 인간의 교육을 담당하는 선생들이고 인간 생명과 건강을 담당하는 의사이다. 이들의 직업관은 우리 인간 세상을 윤택하게 영위해 나갈 수 있는 근본적 수단이기에 그 무엇보다도 이들이 병들어 있다면 사회의 기틀이 사라져 버리는 것이다. 지금 우리 현실의 비극은 옳은 것에 대한 근본의 흔들림에서 오는 것이다. 언제부터인가 우리는 되돌아보고라는 말이 없어졌다. '되돌아볼 시간이 어디 있어. 앞만 보고 가기도 벅찬데'라는 이 말에 우리의 양심을 하나둘씩 덮어

버린 것이다. 이렇듯이 돈, 인기, 욕망, 쾌락. 이러한 자극적인 것을 추구하면서 그것으로 인한 자기 가치와 생활방식 또는 옳고 그름의 생각이 개인의 개성으로 인해 달라져가게 된다. 그리고 개인의 개성이 뚜렷한 지금의 현실은 바른길을 알면서도 비켜가려는 생각이 강하게 자리하고 있다. 이는 모로 가도 서울만 가면 된다, 라는 속담이 대변해 주듯이 모든 일의 시작부터 목적을 이루는 과정의 순간순간 필요한 당위성을 인간은 결과가 중요해 하며 가고 있다. 보릿고개로부터 배워온 부모님 시대의 병폐를 지금 이 시대도 '묻지도 따지지도 않습니다.' 라는 보험 광고처럼 목적을 위한 모든 수단을 정당화 시키고 마는 무분별한 인간들의 야욕이 진행되고 있다. 이렇듯이 우리는 엄중하고도 엄중한 상황임을 알면서도 때론 모른 체 하며 자기의 배고픔만을 떠올리며 아무렇지 않게 일말의 양심마저도 묻어 버렸다. 그로 인한 옳음의 우선순위나 안 좋음의 우선순위를 모두 망각한 채 칭찬할 때는 너무 띄우고 나무랄 때는 자기에게 도움이 안 된다 생각하면 냉정이 내쳐버린다. 이러한 건너뛰는 현상에 의해 우리의 사회는 발달하고 성장해 왔다. 우리의 역사를 바라볼 때 훌륭한 시대는 아무리 초라하고 힘이 없어도 내분이 없이 단합이 잘 되었으며, 그로 인해 어떠한 어려움이 온다고 하여도 잠깐의 곤궁함은 있을 수 있으나 해결함에 있어 막힘이 없었다. 허나 내분이 일어나고 단합이 안 될 때는 아무리 강한 힘을 갖고 있다 한들 그 힘을 발휘하지 못하고 주저앉고 만다. 우리 역사는 이러함의 연속선상에 지금까지 지켜온 역사이다. 인간이 행함에 있어 항상 반대급부적인 것이 있기에 그것을 거름삼아 더 좋은 삶으로 나아가듯이, 우리 역사 또한 자중지란으로 인하여 어려움을 겪었던 것은 또 다른 교훈을 주기위한 배려라 말할 수 있다. 또한 인간은 자기를 지지해 주고 옳다고 하는 말을 좋아하며 그것에 감명을 받아 그 길을 걸으려 애를 쓴다. 허나 그때의 지지와 감명을 받은 것에 대한 생각이 다른 환경에서도 같은 감동으로 일어난다는 것은 너무도 어렵고 희박하기에 대부분이 많은 실망과 함께 좌절을 맛보게 된다. 이는 어려운 현실 상황에 처했을 때의 간절함이 우리 마음속에 옳음을 만들고 그것을 추종하면 옳음을 잘못 판단하는 기준이 된다. 이 세상의 옳다고 하는 일들은 그 현실 속의 절실함에서 오는 것이 주류를 이루기에 우리는 동요됨을 주의해야 한다. 항시 마음을 이분화 하여 다시금 평정심을 가질 수 있는 인간이 되어야 한다. 그러므로 항시 자기를 성찰하여 지금의 현실을 파악하고 인간이 바르게 해야 할 일을 바르게 알아서 인간 본연의 중심을 잡아 한 발 한 발 전진하며 이루어 가야함에 무게를 두어야 한다. 자기에 내면을 바르게 바라볼 줄 안다는 것은 해답을 찾기 힘든 현실 속에서 가야할 길과 해야 할 일을 알려주는 지표가 되기 때문이다

대한민국과 미국의 괴리

미국의 문화가 우리나라에 들어와 다방면에 많은 혜택을 주었으나, 미국과 우리의 정서가 너무도 다르기에 이익이 있었던 반면 잃은 것 또한 너무도 컸다. 국가가 다그치고 사회의 냉혹한 현실 속에 우리 국민이 적응하기 위해 너무 힘겹게 이루어낸 경제 발전은 도움을 받던 나라에서 도움을 주는 나라로 탈바꿈 하였다. 이러한 변화는 지구상 어디에도 찾아보기 힘든 극기였기에 우리 국민이 정상적인 행동과 바른 정신만으로는 불가능한 일이었다. 이는 인간의 한계를 넘나들며 살아온 우리 민족에게 이에 상응하는 후유증이 있을 수밖에 없는데 대표적인 것이 우리 역사적 정서이다. 그럼 우리 대한민국과 미국의 정서를 비교해 보자. 미국인의 정서는 자기를 소개할 때 자기 이름부터 나오고 사는 곳이 다음으로 소개 된다. 그림을 볼 때에도 자기 취향에 맞는 부분의 그림만을 집중적으로 본다. 또한 그림을 그릴 때에는 자기가 그리고자 하는 것에만 두드러지게 묘사한다. 이러한 집중력이 서양 과학의 발전을 만들어 냈으며 개인의 인권을 우선시하는 민주화를 꽃피웠다. 이는 미국이라는 나라의 위대함이다. 허나 다국적 국민으로 이루어진 나라에서 인종차

별이 심화됨으로 인해 개인 이기주의는 더욱더 발전하여 삶의 화합적인 정서를 심각하게 훼손하고 있다.

또한 대한민국의 정서를 미국의 예와 똑같은 선상에서 보자. 자기소개를 하였을 때 사는 곳과 집안의 어른이 먼저 나오고 그 집안의 몇째 아무게입니다, 라고 표현한다. 또한 그림을 볼 때도 전체를 두루 살피며 그림을 그릴 때도 자기가 묘사하려는 사물과 주위 환경을 조화롭게 할려고 무던히 노력한다. 이는 과학의 발전으로 인해 큰 혜택을 보지는 못하였으나 더불어 사는 삶을 실천하고 어려운 이들을 나와 같이 동일시하는 삶의 방식을 구축하고 있는 것이다. 이렇듯이 대한민국과 미국이 바라보고 사고하는 차이가 있듯이 각 나라마다 정서로 이어온 역사는 모두가 다른 것이 당연하다. 이는 한 나라를 지탱하는 기틀인 것이다. 이러한 정서를 태초의 근원적으로 들어가 보면 우리 대한민국은 민족의 형성 과정이 인간의 본질에서 자연스럽게 이루어졌으며, 미국은 지식을 습득한 이들이 삶의 질을 높이기 위해 이주한 이민족에 의해 만들어진 나라라 할 수 있다. 다시 말하면 역사의 길이와 시작이 다르다는 말이다. 그러므로 미국 국민의 기준으로 보면 개인의 인권이 우선적이고, 대한민국으로 보면 개인의 인권보다는 우리라는 틀 속에서 다 같이 행복할 수 있는 삶을 지향했다 할 것이다. 우리 선조들의 삶을 되짚어 보면 우리의 옛날은 감성이 비슷한 중국과 동거를 하며 끊임없이 조율하고 경쟁하였다. 두 민족의 감성이 비슷하다보니 겹치는 것도 많고 갖고 싶은 것도 비슷하기에 서로가 서로에게 감정이 상하면 네 꺼니 내 꺼니 주장하며 공격과 방어

속에 엄청난 살생의 전쟁이 이루어졌다. 그 싸움의 끝은 말이 통하는 사람과 정서가 같은 사람들끼리 뭉쳐서 역사를 계승 발전하며 그로 인한 독립성을 인정하자는 무언의 합의를 본 것이다. 이후 민족의 해방과 더불어 정서가 반대인 미국과 동거를 하면서 우리는 새로운 도약을 하였다. 만약에 미국이 우리의 역사만큼이나 오래된 역사를 가지고 우리에게 접근하였다면 우리는 지금의 경제를 이루는 과정에서 대한민국이라는 존재는 없어질 수도 있었을 것이다. 이 말은 미국이 대한민국을 집어 삼킨다는 말보다는 우리 스스로가 미국에게 달라붙어 대한민국을 바쳤을지도 모른다는 것이다. 왜일까? 자연의 흐름은 서로 상반된 것에 매력을 느끼게 하였기에 두리 뭉실 살아온 우리 민족은 기나긴 쇄국정책으로 인해 우리 것에만 푹 빠져 있었다. 그러다가 발전된 새로움을 접하면서 좋은 것이 좋은 거라는 감성과 우리를 도와준다는 애틋한 동경심이 있기 때문이라 말할 수 있다. 또한 미국의 문화와 다양한 분야가 거름 기능도 없이 일방적으로 받아들여졌으며, 이러한 무분별함은 우리민족의 근간을 흔들기에 충분하였다. 심지어는 일부 개념 없는 학원에서 영어가 모국어가 될 거라는 프랭카드가 내걸리는 현실 또한 다반사다. 만약에 우리가 문화를 전혀 살리지 못했다면 어떻게 되었을까? 아마도 우리 민족이 없어지지는 않았겠지만 미국 내의 대한민국으로 귀속되었을 것이다. 이것은 일제강점기를 이은 미제강점기가 될 수도 있음이다. 이러한 삶을 인식하지 못한 일부 지식인들은 강의를 할 때나 대화를 할 때 막히는 일이 생기면 외국의 사례를 들어 자기의 영달과 위기를 모면하려는 속내를 가지고 듣는 청중을 강제로 자기만의 틀로 끼워 맞추며 얼렁뚱땅 넘어간다. 이것이 우리 국민들에게는 잠재적인 판단에 혼돈을 일으켜 결정적인 순간에 2% 부족함으로 다가와 완성을 그르치게 한다. 이런 2% 부족함의 원인에는 외국인과 우리를 동일시하여 밀고가려는 일부 지식세력과 기득권 세력이 있음이다. 외국인과 우리는 정서가 다르고 환경이 다르며 채질 자체가 다르다. 또한 세계가 우리의 김치를 알고 발효식품의 훌륭함을 절실히 느끼고 있는 이 시점에서 발효식품의 종주국인 대한민국의 인체야말로 이 세상의 기준이 되어야 하며, 세상 모든 이들이 본받아야 할 인체라 할 것이다. 그러므로 우리가 살아온 역사의 삶 속에서 때로는 어긋남과 잘못됨 또는 올바름과 같은 우리의 정서를 옳고 그름의 판단을 하여 서양의 옳은 것과 그릇된 것이 우리의 정서와 합치되면 어떠한 방향의 장단점이 있는가를 엄밀히 살피고 판단해야 할 것이다. 이 땅에 사는 모든 동·식물과 사람에 이르기까지 다른 환경 속에 적응하고 사는 차이가 있기에 우리 민족에 맞는 다방면에 작은 차이를 찾아 나가는 학자들의 연구 논문과 설문 토론이 필요한 시기이다. 이는 역사 속의 "우리"라는 개념은 확립하였으나 우리역사 속 광활한 대지인 발해의 땅을 다 내어주고 지금의 두만강 이전으로 후퇴를 하여 그곳을 경계선을 만든 것은 너무도 많이 치우치게 잠정 합의를 본 것이다. 왜 이러한 합의가 이루어졌을까? 우리의 역사를 거슬러 올라가보자. 고려 말 공민왕 시절 이성계 장군의 위화도 회군으로 인하여 우리 역사적 왕권 계승이 단절되었으며 그로 인해 새로운 왕조인 이씨왕조가 탄생되었다. 이들은 이씨 왕조를 지켜나가는 일이 너무도 컸기에 왕조 스스로가 우리의 땅을 찾기를 거부한 것이라 말할 수 있다. 만약에 이 시절 이씨 왕조가 광활했던 우리의 영토를 찾으려 하였다면 어떠했을까?

우리의 염원인 통일의 자세

우리의 소원은 통일, 꿈에도 소원은 통일, 통일이여 어서 오라. 통일을 이루자. 이 겨레 살리는 통일, 이 나라 살리는 통일, 통일이여 어서 오라. 통일을 이루자. 이 노래가사는 어릴 때 무언지도 모르고 음악시간이 되면 무던히도 많이 불렀던 기억이 난다. 그때의 모든 국민들은 가족의 이별과 같이 슬프고 간절한 마음으로 우리의 통일의 노래를 불렀다. 이는 이산가족의 아픔을 잘 아는 온 국민의 측은지심이라 할 것이다. 그러나 박정희 정권이 들어서면서 남과 북으로 철저히 분리되었으며, 심지어는 반공 포스터를 그리는 대회에서도 상을 주는 기준이 북한을 가장 악마적으로 표현한 이에게 무조건 상을 준다. 그러다보니 북괴 또는 괴수 이 소리만 들어도 나도 모르게 몸이 움츠려드는 기분이 든다. 그 시절 초등학교 교과서에는 이승복 어린이의 처절한 실상이 실려 있었다. 그 내용은 북한군이 어린 꼬마와 부모가 살고 있는 가정집을 습격하여 먹을 것을 구하는 도중 어린이가 나는 공산당이 싫어요, 그 한마디에 입이 찢겨 죽었다는 이야기다. 이로 인하여 정부는 이승복 어린이를 영웅시하며 동상을 세우고 반공정신을 고취시켰다. 그러나 지금에 와서 보니 교과서에 실린 이야기가 과장되게 인용한 것으로 판명되는 어처구니없는 현실을 알게 된다. 이러한 작은 일들이 쌓이고 쌓여서 온 국민이 극도의 적대감을 갖게 하는 마음을 만들었다. 이 긴 세월을 지내며 쌓아온 갈등의 골이 깊어져 있었기에 정치인들은 자기의 이득만을 챙기면 그만이라는 이기심으로 국민의 불안한 마음을 이용하여 민족 간의 불신을 조장하였다. 순수한 국민을 혼란과 불신으로 협박하며 이득을 챙길 수 있었다. 이러한 세월은 지금의 좌파, 우파를 애써 규정지어 놓고 또다시 우리국민을 우롱하고 있다. 대망의 새 천년이 밝아왔고, 우리의 겨레를 살리는 통일이 국가의 화두가 되어 있다. 또한 박근혜 정부는 통일 대박론을 내세우며 민족 간 갈등을 부추기는 일에 여념이 없었으며 옛 박정희 정부와 이명박 정부의 병패를 답습하였다. 우리의 통일은 분명히 대박은 맞는 말이다. 허나 접근방법에서 엄청난 오류를 범하고 있음을 알아야 한다. 통일은 실익을 떠나 민족의 화합으로 접근함이 옳은 것이다. 우리 국민의 염원인 통일은 국가가 나서고 국민이 밀어주어야 가능하며 갈라진 두 체재가 한쪽만의 일방적인 통일이 되어서도 안 되는 것이다. 국가차원의 타협과 국민의 교류가 합치 되어야만 통일은 이루어진다. 이는 한 체재를 어떠한 의미로도 무너트리거나 흡수하여서도 안 되는 것이며, 각자가 살아온 세월과 이념을 존중하며 정부는 단일 정부의 교류를 꾸준히 협상해 나가며 국민끼리는 서로가 다른 방식의 삶을 살아온 것을 인정하여 서로가 본받을 것과 고쳐나갈 것을 조율해 나가야 한다. 이러한 시간은 분단되어 살아온 70년에 가까운 세월보다 더 오랜 세월이 걸릴 수 있음이다. 허나 우리민족의 우수성을 감안할 때 서로가 노력을 다한다면, 감히 이야기하는데 10년이면 가능할 것이다. 그러기 위해선 21세기의 대한민국 국민이 갖추어야할 덕목이 이치에 맞은 화합이라 할 것이다. 이치란 인간이 살아가면서 부딪치는 모든 일들의 호기심으로 시작하여 관심이 되고, 그 관심이 행동이 되며, 그 행동은 책임이 되어, 때론 고뇌로 때론 환희로 다가온다. 이러한 격정의 희, 노, 애, 락 속에 시간이 흐르면 불현듯 도드라지는 느낌이 있는데 이것이 소신이다. 이 소신을 가지고 국민 개개인의 교류 속에서 화합을 이루면, 이것이 이치의 화합인 것이다. 우리의 지나온 세월은 수많은 교류 속에서 화합을 이루려 무던히도 애써온 삶이었다. 이제 조금의 배려와 남을 인정하는 삶을 통해 민족의 염원인 민족 화합의 통일을 국민의 한 사람으로 간절히 염원한다.

나는 민족의 통일이 너무도 설렌다. 전 세계가 우리민족을 존경하며 지구상 유일한 어버이 나라라고 칭송할 것이기 때문이다. 이러한 민족의 화합을 이루어 21세기 새천년은 우리 역사 속에 광활한 옛 조선의 대지를 수복하고 천하를 호령한 대 발해의 역사가 우리민족의 단합된 통일로 인하여 다시 재연되고 있음을 확신할 수 있다. 또한 우리국민의 한 사람 한 사람은 이 세계 존재하는 어떠한 신보다 더 위대하다는 것에 나는 한 치의 양보도 할 수가 없다.

개천에서 용 난다는 의미

"개천에서 용 난다는 말", 말 그대로 지렁이만 나는 곳에서 용이 난다는 말이다. 영웅이 난세에 태어난다는 것과 별반 다를 것이 없다. 이 말은 옛말이 아니고 지금도 존재하고 앞으로도 존재한다. 그럼 이 뜻을 알아보자. 문제가 있는 곳에는 그 문제를 심각하게 걱정하며 살아가는 이가 분명히 존재한다. 이런 이가 난세가 되었을 때 그 걱정과 생각함이 그 열정으로 변하여 새로운 미래를 여는 척도가 되는 것이다. 그러므로 좋은 흐름의 분위기에서는 특출한 이가 나오기 어려우며 단지 마을 전체가 평안하다 할 것이다.

작은 생각의 차이로 인해 자존감이 생긴다

"저 사람이 나에게 돈을 주니깐 나는 일을 한다, 라는 생각과 내가 일을 해주기에 나에게 돈을 준다, 라는 이 말은 단순히 역설적인 단어라 생각한다. 하지만 이 말에는 누가 주인인가 또는 누가 주체인가에 관한 엄청난 뜻이 내포되어 있다. 이처럼 우리는 모든 일을 살짝 뒤집어 생각하면 자존감을 갖게 되는 일이 너무나 많은데 그 의미를 찾으려 하지 않고 그 자체의 필요함 또는 위중함 또는 편리함으로만 바라보기에 자신의 자존감을 스스로 포기하며 산다.

순수함에서 삶을 통해 선무당이 되어 배려의 의미를 모르는 형태

인간의 모습에서 선무당적인 일들이 비일비재하다. 정의롭고 선한 마음을 가진 모든 국민들이 사회를 살아감에 있어 인생을 확실히 알지 못함으로 인해 작은 끼어들음을 꾸준히 시도하면서 자신감을 쌓는다. 세상을 알기 시작하면서 조금씩 대범해지는데 여기서 기를 죽이면 이것에 의한 충격에 자신감을 회복하는 그 날이 언제가 될지 모른다. 그 기간 동안 모든 이들을 혐오하고 증오한다. 허나 살짝 밟힌 이는 꾸준한 도전으로 자기 자신의 발전을 꾀하는데 이들의 형태는 사람마다 천차만별이다. 이들의 노력 끝에 선무당이 되면 모든 일에 나서려 하는 마음이 생겨나고 뚜렷이 알지는 못하여도 알 수 있는 줄기를 잡은 것과 같다. 그래서 조금씩 끼어드는데 이들이 말을 할 때는 자기 말이 다 맞다는 주장에 열의를 다한다. 하지만 편을 들을 때와 안 들을 때 또는 바른 밀을 힐 때와 인해야 할 때를 구분을 못하는 것과 다름이 없다. 남을 알기는 하나 배려함을 모르는 일이 시작된 것이다. 그러므로 남을 이해하듯이 말을 하지만 모든 이들을 상처 주는 최고의 단계이다.

때론 이러함이 자기가 원하지 않은 인생의 전환점을 갖는 시기이기도 하다. 그래서 현실의 부족함을 느끼며 노력하는 이는 자기를 알고 남을 배려하는 마음을 가지려 하는 것이다. 이러한 현실과 부딪치며 살다보면 자기를 아는 마음이 커져 남을 배려함에 어긋남이 없게 되는 것이다. 인간이 어긋남이 없음이라는 말이 자기의 것이 되려면 꾸준한 자기성찰과 현실에 맞는 이치로 무장을 해야 한다. 여기에서는 자연의 만물 모든 것이 배려라는 것을 알게 되며, 배려라 함이 환경을 가미한 배려이듯이 인간이 처해있는 현실 속의 환경을 생각하며 그를 생각하고 나를 생각하여 배려가 이루어져야 한다는 것이다. 그러므로 무분별한 도움으로 배려를 말하지 말 것이다.

보리 고개로 인해 생겨난 가진 자와 지식인들로 인한 사회의 혼란과 여성의 달라짐

우리에게는 우리 인간이 행해야 할 방법인 진리가 있다. 그러나 지금의 현실은 가진 자와 배운 자들이 차별화된 자기를 보이기 위해 무작위로 자기만의 언어로 일반인들을 혹사시키며 농락한다. 영어, 일어, 중국어, 이러한 현상은 TV를 통해 모든 국민의 부족함이 되어 유식한 말 어려운 말 이러한 것들을 선호하게 하였다. 이것을 부추기는 이들은 자기 자신만의 명예와 영달을 위해서 자기 논리를 합당하게 만들어주는 이들의 성공담과 많이 회자된 것들을 거름 기능이 없이 세상에 내보인다. 그리하여 우리 국민은 더욱더 자신의 이기주의에 빠져야만 하는 착각을 하게 된다. 거기에 대한 혼돈이 지금의 현실을 만들었다. 우리는 너무 많은 우리의 것을 등한시 하였다. 물론 우리의 것도 고쳐야 할 것이 많이 있음은 사실이다. 허나 지켜야 할 것이 더 많이 있음을 알아야 한다

어려운 보릿고개 시절 우리의 환경은 남자를 키우기 위한 단조로운 방향의 훈육을 하였다. 돈을 많이 벌어 집안을 일으켜 세워야 한다는 단조롭게 짜여진 틀 속에서의 훈육 방법과, 여자들의 헌신적인 노력으로 인한 남자의 성공에 대한

배려는 본의 아니게 여자에게는 이론의 공부와 사회진출 보다는 남들이 꺼려하는 다양한 일을 하도록 하였다. 그리 되면서 자연스럽게 인생의 진실한 모든 삶을 섭렵하여 그것이 여자의 힘이 되었다. 21세기의 여성 파워가 되어 나타나고 있다. 즉 인고의 세월 끝에 즐거움인 것이다. 고진감례, 21세기 남자 또한 이러한 시기가 필요하기에 이러한 현상을 많이 겪고 있음이다. 사회의 쓰임새 있는 일꾼으로 새로운 탈바꿈 현상은 남녀의 평등현상이다. 이는 힘의 논리에서 경험과 머리의 논리이며 또한 가정의 견고함과 뭉쳐야 한다는 시대적인 주문이다.

배려의 주체는 상류층에 있으나 그들의 배려는 자기 생각에 의한 배려를 한다

인간은 모두가 현실에 맞게끔 성장하였다. 그 성장이 출세라는 현상으로만 바라봐주는 현실 속에서 우리 사회의 진정 배려의 선두 주자가 되어야 할 사람은 상류의 지위를 가진 이들이 절실히 필요하다. 이들 또한 이러함을 알고 배려할 준비를 하고 배품을 실천하지만 자기에 맞는 배려를 배려라고 하는 이가 많다. 이는 마음 자세부터가 잘못되어 있음을 빨리 깨달아야 한다. 자기의 성공과정으로 판단하는 배려는 너무도 위험한 발상이라 말할 수 있다. 이는 모든 사람의 근기가 천차만별인데 자기 위주의 경험에서 오기 때문이다.

우리 행정법에는 찾는 이에게만 해택을 주는 원리의 행정적 조치가 많이 있고 그것을 주 업무로 이끌어 간다. 허나 배려는 그러한 차원으로 해석을 하면 안 되기 때문이다. 배려의 기본은 전적으로 상대의 입장에서 보는 것이며 상대의 마음을 헤아리는 것이다. 가진 것이 없는 이들과 못 배운 이들이 현실의 어려운 환경으로 인해 배려를 못함이 있다고 해서 가진 자들이 나는 이들보다 돈이 많기 때문에 저 사람들보다 배려를 잘 할 수 있어 라는 논리는 있을 수가 없다.

더욱이 중상류층의 성공한 이들이 배려라고 하는 것을 받는 이들의 대체적인 생각은 이를 배려로 보지 않고 권력 또는 재력의 남용이며 힘센 이들의 으스댐이라 생각한다. 이러한 이들은 어려운 이들보다는 자기가 잘하는 무엇을 극대화 시켰고 그 시기를 잘 만나서 활용할 줄 아는 내가 있을 뿐이다. 그렇기에 자기의 잘남을 과신할 것이 아니라 자기가 알고 있는 것을 잘 가르쳐야할 의무만 있을 뿐이다. 이는 모든 이들이 뜻을 세운다면 그러한 반열에 못 오를 리 없을 것이나 단지 자기 자리에서 해야 할 일을 하고 있을 뿐이다. 이러한 것을 미리 짐작하여 알아서 지켜주고자 하는 이가 배려의 기본을 하는 것이다.

시련이 없었던 이들이 봉사를 하였을 경우

시련이 없는 사람이란 만족의 한계선을 그을 수 없음으로 남을 배려할 줄 모른다. 허나 이들은 봉사라는 단체에 가입을 하여 자기만족의 척도를 가지고 모든 이를 바라보고 그것으로 자기가 배려를 잘하고 있다고 착각한다.

이들의 특성은 자기의 자존심이 조금이라도 긁히기만 하여도 왜 이 일을 해야 하는가에 대해 후회한다. 세상이란 것이 어떠한 일이든가 꾸준히 하면 비록 많이 부족하나 긴 시간과 경험에 의해 진실에 조금은 다가간다. 허나 반짝이는 봉사는 오히려 더 큰 이기심과 자기만족을 부추겨 남을 아프게 하고 힘들게 함에 무감각해질 수도 있다.

만약 이러한 일들이 비일비재하면 되먹지도 않은 이가 봉사상을 타고 그들이 봉사단체를 이끌어가면 사회비리는 시작이 되고 어리석음의 극으로 치닫게 된다. 또한 어려운 이들에게 세상의 이치와 자기의 어리석음을 배우러 가는 것을 모르고 그들의 외형만 보고 자기의 환경을 자랑삼아 자기를 드러내려 한다. 이러한 일들은 우리 주변에서 너무도 흔히 이루어질 수 있는 현상이다.

학연 지연에 의한 악영향

우리의 삶이란 너무 한쪽으로만 치우쳐 우리 역사의 교훈을 등한시 한 채 살다보니 학연, 지연과 같은 비리의 온상이 되어왔다. 옛날에도 이러한 형태의 천거나 등용이 없지는 않았으나 지금의 실태와는 판이하게 다르다. 지금은 자기에게 아부하는 이를 검증도 없이 집어넣는 것이 능력이라 생각한다면, 옛 조상들은 천거 전부터 검증이 어느 정도는 된 이를 천거하며 신용과 신뢰를 우선시 하였던 것이다. 이러한 현상은 돈과 검증의 문제인데 지금 시대가 돈 만능 주의이다 보니 검증을 무시하고 돈을 쫓으며 학연과 지연을 내세운다. 그럼으로 인해 지금의 우리 사회가 암흑의 구렁텅이로 들어가고 있는 것이다. 또한 이들은 서로의 단점이나 약점을 잡아 나중을 대비하며 자기가 불이익을 당할 때 같이 죽자는 형태의 어리석음으로 똘똘 뭉쳐 있다. 자기의 침몰이 두려운 이들은 끊임 없는 아부로 인해 끝없이 비리를 생산한다. 이것은 언젠가는 무너질 수밖에 없는 현실이기에 우리는 과감하게 잘라버려야만 한다. 모두가 쓰러지기 전에…….

성공하는 이들에게는 진심이 있다

성공한 이들의 내면에는 진심이 있다. 그런데 우리가 접하는 일상은 진심보다는 형식에 얽매인 비법과 모로 가도 서울만 가면 된다는 상식을 벗어난 것들을 배우려 들며 그것을 TV는 가르치려 든다. 어떠한 부자든 성공하여 이 땅에 뿌리을 내렸다면 성공한 이들에게는 진심이 있었고, 그 진심이 마음에서 출발했던 것이다. 불쌍한 사람을 도와주었다는 것은 무엇을 노리고 한 것이 아니다. 진심으로 굶는 이가 없기를 바라기에 행동한 것이다. 이러한 진실을 뒤로 한 채 우리는 출세를 위해 없는 이를 돕는 것이 자기를 알리기 위한 수단이 되고, 사회는 그것을 조명하여 알리려 하는 것은 모든 일을 이슈와 결과적인 것만 보려는 현상이 만연하기 때문이다

진리와 거짓된 진리

지금 우리의 현실은 상상 속에 진리의 산을 만들어 놓고 그 산을 오르는 방법을 이야기하는 현실이다. 비록 비슷하여 눈으로는 판단이 어려우나 진리의 산에는 작은 변화가 끊임없이 이루어지고, 상상의 산에는 고착되려 하는 현상이 끊임없이 이루어진다. 이것은 현대인들의 작은 변화에 둔감한 현실에서 오는 우리들의 실상이다. 몸소 체험하는 진리와 말로만 떠드는 진리의 차이는 항시 변하는 진리의 산과 변화하지 않는 고착의 산이 만들어지는 계기가 되는 것이다. 호리지차 차이현격(毫釐之差千里懸隔, 처음에 작은 변화가 시간이 흘러 하늘과 땅의 차이 가된다) 이것이야말로 지금 시대의 가장 중요한 화두이다. 정답이 아닌 것이 없다고는 하나 끊임 없이 변화를 이어가는 해답이야말로 그것이 진리의 말이라 할 수 있다. 즉 끊임 없는 발효인 것이다.

개인의 옳음과 가정의 옳음을 구축하자

우리사회가 개발도상국 시절 너나없이 학연지연을 내세우며 기득권을 유지하기 위해 자기 식구 봐주기 식 관행이 왕성했다. 가장 왕성하게 일어나는 시기를 전후로 우리나라는 개발도상국을 벗어나 선진국 대열에 들어선다. 국가는 민주주의를 확립하기 위해 다수결에 입각하여 옳다고 하는 개인보다는 조금은 불합리해도 많은 곳에 손을 들어 주었다. 이는 기득권세력이 학연과 지연을 뽐내며 살아온 이들에게 날개를 달아주는 형국이 되어 우리사회의 집단 개인주의를 만들었다. 이들은 그것이 잘못된 일임을 알면서도 기득권 세력의 이익을 위해 힘 없고 작은 옳음을 짓밟고 무력을 행사하는 이력을 만들었다. 세력의 힘을 과신하여 옳지 않은 일에도 부흥할 수 있는 자기만의 연계된 이들을 대거 끌어들인다. 이것이 골수적인 관행이 되어 약한 이들을 업신여기는 풍조로 자리 잡았고, 이로 인하여 개인의 옳은 주장은 묵살되는 사회가 되어버렸다. 이것이 계속 이어진다면 더 이상은 돌이킬 수 없는 사회로 전락하므로 우리는 개인의 옳음에 또는 주장에 귀를 기울이며 동요하는 그러한 사회가 이루어져야 한다. 그래야만 미래가 있음을 우리는 깨달아야 한다. 이에

소수가 이야기하는 옳음의 기준은 최대가정을 대변하는 옳음이어야 하며, 최소 개인을 대변하는 옳음과 같은 등급이 만들어질 수 있음에 우린 노력해야 한다. 더 나아가 개인 또는 가정을 대변하는 옳음은 서로의 토론의 장을 만들어 조금은 더 나은 옳음을 위한 업그레이드장이 되어야 한다.

아부를 하는 이들의 형태와 순수한 일반인의 진실

대의명분을 만들어주면 모든 것이 가능하다 하는 현실 지금은 그 수준을 뛰어넘어서 자기만의 명분을 만들어놓고 대의명분인 것처럼 일을 치르는 현상이다. 이는 잘 나간다는 소위 한 자리들 차고 있는 이들이 감정이 격해져서 똥이나 싸라 하고 이야기 했다면, 아부해야 하는 사람들은 그 뜻을 받들기 위해 자기 스스로 노력을 하여 훌륭한 결말을 만들어 낸다. 반면에 일반인이 훌륭한 말을 하면 기득권에 아부하는 이들은 고심하여 그것에 대한 잘못된 점을 찾으려고 머리를 쥐어짠다. 결국 자기 위주의 안 좋은 결론인 쓸데 없는 말을 한다는 우격다짐의 논리적인 결론을 만들어낸다. 이는 훌륭한 말을 한 이가 자기가 무슨 의미로 말을 했는지는 모른다 하더라도 진실 자체가 무시되어서는 안 되는 일이다. 그것이 몸으로 이겨내며 순종하고 몸에서 배어 자연히 얻어진 진실이라면……

사기의 기준은 당한 이에게 있다

큰돈을 사기를 치는 이와 작은 돈을 사기를 치는 이들의 기준에는 당하는 이의 마음에 아픔을 기준에 두어 그 잘잘못을 측정해야 한다. 이는 스트레스가 되어 마음을 아프게 하고 심지어는 병이 되어가기 때문이다. 허나 큰돈을 잃고도 호탕하게 마음이 아프지 않다면 그것은 사기가 아니다. 이러한 모든 돈과 재화에는 사기가 연루되어 있지만, 그것을 당하는 이의 마음에 의해 사기와 사기가 아님이 판명되는 것이다. 그러므로 우리는 당하는 이의 마음을 다 알지 못하기에 10원 한 푼이라도 속이는 형식을 주의해야 한다. 설사 10원 20원의 작은 속임이 당사자에게는 마음의 아픔이 아닐 수는 있으나, 거기에는 속이는 이의 마음의 잘못이 차곡차곡 쌓이는 일이 되어 자기 자신에 해가 됨이다. 결국 모든 물질에는 인간의 흥망성쇠가 들어있음이다.

우리 아재들의 바른 자세

어른들이 젊은이와 대화를 할 때 왕년에, 라는 말을 한다. 그것은 추억이며 자기 현실에 대한 연민 내지는 자존감을 살리기 위한 방편이다. 허나 그것을 바라보는 젊은이로서는 자기 자랑과 허물로만 생각하며 도움이 안 되는 사람으로 낙인을 찍으면서 꼰대는 다 그래, 하며 생각을 접는다. 분명 꼰대들의 말 속에는 배울 것이 있음에도 그것이 외면 당하는 것이다. 그러기에 나이가 든 이들이 생각을 조율해야 할 것은 과거에 비추어 미래를 이야기함을 지향해야 한다. 그 경험에 의해 느낀 점과 독후감을 글로써 남기려는 노력을 해야 한다. 하지만 이 또한 조심해야 할 것은 미래를 이야기할지라도 확정된 것처럼 이야기를 한다면 이 또한 혼돈이 될 수 있음이다. 그러기에 깊게 느끼고 깊게 깨달지 않았다면 말의 결론에는 조심성을 갖고 이야기해야 한다. 그러기에 자기 자신을 바라보는 일이 가장 중요하다. 또한 설득을 할 수 있을 만큼 남을 가르칠 정도의 자신을 모른다면 자기의 경험만 이야기하고 마는 것이 좋다.

일찍 찾은 적성에 신중을 기해라

일반적으로 자기의 적성을 찾지만 평생을 가도 찾지 못하는 이가 많듯이 자신의 적성을 찾는다는 것은 매우 어려운 일이다. 그러나 지금시대는 정보의 공유가 가능하여 자기의 적성을 어린 시기에 알게 되는 현상들이 자주 일어난다. 이는 아주 바람직한 일이지만 그것을 먼저 함으로 인해 이루어 나가는 과정 속에 어려움이 거듭된다면 적성에 맞는 것을 포기하는 불행이 올 수도 있다. 그러므로 적성과 연관된 주변의 일에 포괄적으로 접근함이 좋을 것이다. 특히 부모는 적성을 찾았다 하여 강요나 강행으로 그 흐름을 꺾지 말아야 한다. 하지만 그것을 밀어주는 이가 있거나 그것을 키우기 위한 이가 있다면 먼저 그것에 모든 것을 쏟아부어 보는 것이 맞을 것이다. 우리의 인생이 두 갈래가 아님을 알기 때문에 삶 속에 기회가 된다면 익히고 배워야 함이다. 이는 적성과 비적성의 차이가 아니고, 자기가 잘하는 것에 먼저 흥미를 갖고 가는 삶 속에서 나의 적성을 익히는 것이 즐겁기 때문이다.

아름다운 이들의 무모한 도전

혼란한 세상을 변화시키기 위해 나서야 한다는 생각을 가진 아름다운 이들이 있다. 그들이 권력에 아부하는 이들의 저항에 부딪쳐 진실이 왜곡되고 거짓으로 치부되어 쓰러져 간다. 그런 모습으로 인하여 세상의 혼탁함을 더욱더 가중시키는 단초가 될 수도 있음을 알아야 한다. 그러기에 이들이 나서야할 시기를 신중이 고민해야 하며 나를 바라보는 노력으로 자존감을 얻을 수 있게끔 노력해야 한다.

사랑이란

사업과 연애는 모든 것이 전술이다, 라는 말이 생각난다. 그래서 연애할 때 우리는 사랑이라는 단어를 애써 끼워 넣어 진정한 사랑인 양 포장한다. 아주 훌륭한 전술이다. 허나 개중에는 이것이 사랑이구나 하는 이가 많이 있다는 것이다. 이것은 사랑이라 할 수 없다. 호기심과 욕망, 욕심, 갈망, 이러한 잡다한 바램들이 뭉쳐진 결과이다. 그럼 사랑은 무엇일까? 사랑이란 이 세상에 단어만 존재하는 것이라 이야기할 수 있다. 아니 있되 이루기가 너무 힘든 것이다. 우리가 쓰는 언어가 아닌 것이다. 하물며 성인이신 예수도 사랑이라는 깨달음으로 득도를 하신다. 성경구절을 잠시 인용해보자 예수가 십자가에 못 박히기 전 간절한 기도문에 아버지 저를 버리시나이까. 그것이 아버지의 뜻이라면 뜻대로 하소서. 여기서 첫 구절 나를 버리시나이까, 저를 버리지 말아주옵소서. 이 말은 하느님 사랑의 확신이 없다는 반증이며 부정이다. 두 번째 구절 아버지 뜻대로 하소서 이 말이야말로 사랑의 깨달음인 것이다. 또한 하나님에 대한 무한한 신뢰인 것이다. 이처럼 어려운 사랑을 일반적인 우리가 가지고 논다는 것은 조금은 자중했으면 하는 바람이다.

보이는 것이 전부인 지금 그의 시작은 작은 단초였음을

작은 것이 진정 큰 것이라는 것을 알아야 한다. 이 시대에는 닥쳐있는 현실이 힘겹기 때문에 보여지는 큰 것만이 큰 것으로 생각한다. 젓가락 또한 마찬가지다. 우리 역사를 지금까지 지켜온 젓가락은 그 세월의 명맥은 그 어느 것보다 길고 크다. 어떠한 문화보다 크고 넓으며 깊다. 허나 우리는 보여지는 형상에만 국한이 되어 착각한다. 저 깊은 산속 천 년 된 나무의 크기에 크게 감탄하는 사람들이 있다. 크기에 압도 되어 계속 감탄사만 연발하지만 애초에 씨앗이 없었다면 그것이 존재 했겠는가. 정작 씨앗의 크기가 작으나 몇 백 년을 자라온 모든 나무의 전부라는 것을 잊지 말아야 할 것이다.

당연한 일에 대한 대처

우리가 너무 당연하다고 생각하는 일들을 대부분 알 것이라는 생각을 한다. 허나 대부분은 수박 겉핥기식의 지식만이다. 우리는 이러한 현상을 당연하다고 생각하면서 아는 척 내지는 무시하고 있음을 간과하고 있음이다.

자유분방하게 말을 하는 이들의 예를 드는 방법의 신중함

예술가란 형식에 억매이면 예술의 혼을 불태울 수 없기에 영혼이 자유로운 소유자들이라 말할 수 있다. 또한 종교 지도자들은 각자의 교리의 틀 속에 국한되어 있기에 자기만의 탈출구를 만들어놓고 자유분방하게 말을 한다. 하지만 우리의 삶이란 자유분방함이나 작은 틀 속에 가두어놓고 이야기할 수 있는 것이 아니기에 이들이 인생을 강연함에 있어 예를 드는 것에는 신중할 필요가 있다. 그 예를 강연 하려거든 신중한 검증이 있어야 한다. 그것에 대한 작은 실수는 대중에게는 큰 피해를 주며 개인의 혼란을 일으킬 수 있기 때문이다.

인간이 겪는 삶은 버리거나 바꾸는 것이 안이고 보완하여 완성하는 것이다

인간이 나이가 들면서 어떠한 계기로 인해 나의 살아온 날들을 돌아보고 성찰하는 과정이 있다. 그 속에서 지나치게 과했던 행동과 주장을 생각하며 이러한 성향은 버려야 해, 하며 스스로 자책하는 순간이 찾아온다. 이는 각자의 성향에 따라 그 시기가 다를 수 있으나 50대 이후부터 다가오는 성향이 강하다. 가끔은 우리생활 속에서 마음이 갑자기 바뀌면 죽을 때가 되었다는 농담을 하며 웃기도 한다. 하지만 인간의 삶으로 깊이 들어가면 우리의 삶 속에는 버려야할 것은 없지만, 개인의 윤택함을 위해서는 지도 편달을 받아 보완함이 옳을 것이다.

학교의 수학과 인생의 수학은 다르다

어린 시절 12년이라는 학교의 공부과정을 통하여 덧셈 뺄셈 곱셈 나눗셈 방정식을 배운다. 그 공식이 절대적이라는 생각으로 살아왔다. 하지만 12년의 학교 과정을 졸업하면서 인간 삶이라는 평생 교육에 입문하면서 인생의 셈법은 1더하기 1이 2가 아니라는 것과 10 나누기 2 가 5가 아님을 체험하게 된다. 이는 물방울 하나와 물방울 하나가 합치면 한 개가 되는 것과 맛있는 떡 하나를 나눠 먹을 때 자르는 이가 아무리 정확하게 분배하려고 하여도 자르는 이의 성향에 따른 차이로 인해 정확한 분배가 될 수 없음을 우리가 잘 알고 있다. 이렇듯이 우리의 인생이라는 삶 속에서는 너무도 당연한 것이다. 그러므로 인생의 수학은 학교 다닐 때의 수학하곤 너무도 다른데 우리의 생각은 어릴 적 수학으로 고착되어 덧셈 뺄셈을 하고 있는 경향이 있다. 학교에서 배우는 덧셈과 뺄셈을 인생의 수학으로 생각한다는 것은 인생 속으로 갓 입문한 초년생들에게서 많이 나타나는 현상이지만, 이는 시간과 세월이 흐르면서 적응해 가는 절차를 밟는다.

자존감의 의미

우리의 삶은 위를 보면서 출세한 이를 배우려는 형태이며, 그들의 행위는 모두가 의미가 있을 것이라는 생각에 사로잡혀 자신의 진솔한 삶을 업신여기는 삶을 지향한다. 그러면서 정작 자존감을 갖고 있어야할 이들이 출세를 못 한 것에 대한 자학으로 자리를 잡았다. 심지어는 유명한 연예인의 죽음을 보고 따라서 자살을 하는 어리석은 현상이 일어나게 된 것이다. 자존감의 말살은 자신뿐만 아니고 가정과 사회 더 나아가서는 국가를 위태롭게 함을 잊어서는 안 될 것이다.

인간 이성이란

인간의 이성이란 주 용도가 준만큼 받은 만큼 돌려주는 것에 초점을 맞추고 있다. 그러기에 줄 때에 신중함이 있어야 함은 그대로 받을 테니까 때문이다.

못난이들의 행동발달

매사에 자기 방어에만 치중한다. 자기의 못난 점을 모른다. 잘난 점도 모른다. 나서서 할 때와 나서지 말아야 할 때의 시점을 모른다. 자신감이 없다. 신경질이 많다. 확실성이 없다. 남에게 전가하려는 마음이 크다. 거짓말을 한다. 우긴다. 자기를 대변하지 못한다.

품격의 발현

인간이 고귀한 품격을 보여주고자 할 때 가장 상극 되는 것은 개같이 벌어서 정승같이 써라, 라는 말이며 이 말의 진의는 인생을 살아 가는대 있어 젊음의 시절을 이것저것 살피지 아니 하며 물질에 사로잡혀 물불 안 가리고 살아간다는 의미이다. 그러한 이들이 나이가 들어 품의를 지킨다는 것은 품격이 없는 이의 발버둥이라 할 것이다 우리의 21세기는 노년의 삶이 길어지면서 품격의 밑바탕인 자기모습과 얼굴에 책임을 져야 하는 현실에 봉착하게 된다. 그러면서 그동안 모아둔 물질로 자신의 내면에서 풍겨 나오는 잘못된 언행이나 언사를 덮어씌우려 한다. 하지만 품격이란 짧은 시간이나 순간적으로 잘한다고 해서 생기는 것이 아니고 어릴 적부터 꾸준히 잘 해온 이들과 젊어서 자신의 각성이 많았던 이들 중에서 좋은 습관이 몸에 습득 된 이들만이 품격의 모습과 향기가 우러나온다 할 것이다. 하지만 이들 또한 간과해선 안 될 것이 배려에 의해 품격의 격차가 이루어짐으로 적시 적소에 맞는 배려가 가장 중요한 것임을 잊지 말아야 할 것이다. 어려서부터 바른 것을 습관화하는 노력에 박차를 가해야 하는 이유는 인간 모두가 나이가 들어가면서 삶의 이치를 알게 되지만, 몸의 기능이나 모든 감각이 떨어져가고 환경이 어려워지면 비정상적인 방편으로 당장의 현실을 모면하려는 마음이 일기 때문이다.

돈으로 살 수 있는 것은 죽은 것뿐이다

돈 만능시대 돈 돈 돈 하며 돈이면 무엇이든지 다 산다는 말은 너무 황당한 말이다. 그럼 돈으로 살 수 있는 것은 무엇이며 살수 없는 것은 무엇일까. 단적으로 말하면 돈으로 살 수 있는 것은 죽은 것뿐이고, 살 수 없는 것은 살아 있는 모든 것들이다. 그럼 여기서 산다는 것에 정의를 내려 보자. 산다는 것은 말 그대로 자기의 것이 된다는 것이다. 또한 자기의 필요에 의해 산 것이기에 자기를 이롭게 해야 함은 당연한 것이다. 때론 자기 뜻대로 움직여야 하고 어떠한 형태로도 쓸 수 가 있어야 한다. 이러한 것이 전제가 되어야 하지만 지구상에 살아있는 생명체는 자기를 방어하려는 형태와 물질 또는 마음이 존재하기 때문이다. 어떠한 생명체 하나도 자기 것에 들어와 자기 맘에 들게 되는 것은 없다. 심지어는 자신의 눈 코 입 귀 신체 일부라 하여도 자신의 것이 될 수 없음이다. 눈을 보자. 자기가 보고 싶은 것만 볼 수 있을까? 본의 아니게 보고 싶지 않은 것도 무수히 봐야 하고, 코는 싫은 냄새를, 입은 먹기 싫은 것을, 귀는 듣기 싫은 것을 듣는다. 이처럼 자기가 완전히 소유했다는 것마저도 자기 것이 아니며, 자기가 원하는 대로 되질 않는다. 헌데 다른 생명체이거늘 어떠하겠는가. 하지만 유일하게 정성을 들이면 생명체의 모두와 조화를 이룰 수 있을 것이다.

무신히 지나치는 지금의 삶에 대한 원인 독서 만능주의의 조심성

우리는 책을 읽을 때에도 무작정 읽는 습관은 각자가 주의해야 한다. 우리는 너무 많은 정보와 교육 경험에 노출되어 있다. 배보다 배꼽이 더 큰 형상으로 한 인간을 어지럽고 혼돈스럽게 하기에 충분하다. 우리는 이러한 현실에서 살아가고 있다. 허나 책은 이러한 정보보다는 조금 더 다른 점이 있다. 일반정보나 교육보다 더욱더 인간에게는 위험하다는 것이다. 왜 그럴까? 모든 이들은 말한다, 책을 무조건 읽으라고, 많이 읽을수록 좋다고, 사회 이름 좀 있고 유명하다는 사람들의 입에서 서슴없이 흘러나오고 있다. 참으로 위험한 발상이다. 정보가 없이 발로 뛰어야 또는 몸을 부딪쳐야 얻을 수 있는 그런 시절이 얼마 전의 일이다. 그러기에 우리는 한 우물을 파야 한다. 무엇을 이루려면 10년은 있어야 그 분야를 안다. 이러한 말들은 귀가 따갑게 들으면서 살아왔다. 헌데 지금 우리는 어떠한가. 배우고 싶으면 방안에서 손만 까딱해도 된다. 모든 것에 수박 겉핥기식의 배움일 순 있으나 때론 10년을 길게 들어선 사람의 경험치 또한 얻을 수가 있는 시대이다. 이러한 매체를 만인이 본다는 현실에서는 비록 조금은 틀리지만 자기 자신의 좋은 방향으로 끌고 가는 것이 형식화 되어있기에 때로는 흥미를 위해 때로는 이익을 위해 현실과 맞지 않는 것을 삽입시킨다. 이러한 흥미 또는 이익 또는 자극 위주의 삽입이 나쁘다고 하는 것이 아니다. 단지 그것을 바라보고 배우는 이들에게는 그것을 감지할 수 없는 혜안이 없음이 걱정되는 것이다. 여기서 더욱더 걱정이 되는 것은 알고 싶지 않은데 알아야 하고 듣고 싶지 않은데 들어야 하는 현실이 지금의 현실이기 때문이다. 여기에 1등공신은 TV인 것이고 2등은 라디오다. 그럼 책은 어떠한가? 특등공신이다. 특등이라 함은 군대를 생각해 보라 특공대가 무엇인가. 있는 듯 없는 듯하면서 어떠한 어려운 임무를 확실하게 끝내기 위해 길러내는 집단이다. 이렇듯 책은 중요 직책을 맡고 있는 것이다. 허나 지금의 책은 어떠한가. 일반 책은 그렇다치고 최고의 책을 꼽자면 그 중 하나가 역사책일 것이다. 허나 자기의 이익을 위해 거짓으로 서술을 하고 진짜인 듯 끼워 맞추어 가는 이들이 있다. 변하면 안 되는 것을 변화시켜 다음 세대를 적대시 하게 만들어가는 아주 나쁜 놈들이 있다. 중요한 역사마저 왜곡 서술되는 현실에서 다른 평범한 책은 얼마나 인간을 농락하며 어리석게 만들었겠는가. 그러기에 우리는 지식이 있다고 하는 이들이 자기 자신을 얼마나 바로 보며 현재 이야기를 바로 이야기 하는가에 대해 똑똑히 지켜봐야 한다.

같은 행동의 다른 생각은 미세함에서 온 혼돈이다

모든 이들이 같은 행동을 할 때에도 작은 생각 차이가 있음을 간과한다. 하지만 그 차이는 비록 작으나 다른 생삭에서 옴으로 세상 모든 이들에게 혼돈을 주어 판단을 흐리게 하는 소스가 되기도 한다. 이러한 것이 지금 현실에는 비일비재하게 많이 널브러져 있기에 그 행위만 바라보고 판단하는 많은 현인들이 바른 전달을 하지 못하는 것이다. 가만히 있으면 중간이나 간다, 는 말과 다를 것이 없다. 또한 현인들의 행보에는 국난으로 인해 사회가 어려워질 때 현인들의 변절자가 많이들 생겨나게 된다. 현인들이 이 순간을 모면하기 위한 방침 속에서 변절자가 생기는 것은 어쩔 수 없는 현상이지만, 여기서 우리가 주목해야할 것은 일반인들의 변절이 아닌 현인들의 변절에 주목을 해야 한다. 이것은 사회의 큰 사건이 되기 때문이다. 현인이란 무리를 이끄는 수장이기 쉽다. 수장이 아니어도 귀감이 되는 이들에 속한다. 그들의 변심이란 그를 바라보는 이에게는 생사의 고락과 인생의 윤택함을 한정 짓는 것이기에 현인들은 올바른 행보를 위해 보여지는 것에 초점을 맞추지 말고 보여주기 전 과정이 어떠했는가에 살핌을 다해 행보를 함이 현명하다 할 것이다.

우리 미래 삶의 모습

지금의 우리는 충분히 성인의 반열에 준하여 살고 있다. 우리의 미래인 인간의 모습은 반은 사람 반은 기계이다. 이것이 마지막 미래 인간의 모습이 아닐까 생각한다. 우리에게 이러한 현실이 올 때까지 우리는 많은 시련과 경험 속에서 삶의 진실을 추구하기 위한 노력을 수 천 년 하였다.

이제는 과실을 딸 때이다. 잘못된 것은 고치고 좋은 것은 발전시켜서 이것을 법제화 하여 미래의 인간과 사회의 발전에 대비해야 한다. 지금의 공산주의나 민주주의 둘 중 나은 것은 인간의 욕망을 충족시켜주는 민주주의가 형식에 맞지만 이는 국민이 정치하는 민주주의가 되어야 한다.

갑자스럽게 찾아오는 모든 것은 불행을 초래 한다

우리 대한민국의 역사는 너무 빠르게 발전하여 성공한 것이 엄청난 난관에 봉착하게 된 이유이다. 그 이유를 로또 복권에 비추어 이야기 해보자. 누구나 복권 1등을 원한다. 로또에 당첨되기 위해 모든 이들이 혈안이 되어 있다. 1등이 나왔다는 장소가 있으면 찾아가 줄을 서고 몇 시간 째 기다리면서 그것을 사온다. 이런 것을 보면 왜 인간들은 망하는 것을 이렇게 원하는가, 하는 생각이 나의 마음을 안타깝게 한다. 왜 복권이 1등에 당첨되는 것이 안 좋은지 그 이유를 들어보자. 어느 TV방송국에서 로또 1회부터 10회까지 1등 당첨되는 이들을 추적 조사하여 수소문해 본 결과 모두 다 불행한 삶을 살며 돈마저 다 잃은 거지가 되어 있었다. 이건 100% 실화다. 왜 그럴까? 모든 재물에는 적응이 되어가는 시기가 있는데 그것을 무시했기 때문이다. 그래서 갑작스레 다가오는 것은 항상 조심스럽다. 우리가 작은 소리로 등뒤에서 깜짝 놀라게 한다면 당하는 이의 심리 상태에 의해 심장마비를 일으켜 죽는 이도 있다. 최소한 놀라서 식은땀이 난다. 이것만 보아도 갑작스럽게 다가오는 것은 무척 몸에 해롭다는 것을 알 수 있을 것이다. 그렇다면 로또 1등은 어떠할까. 비교하자면 오토바이를 타고 달리다가 갑자기 달려오는 차와 부딪치는 충격에 과연 여기서 건강하게 몸을 유지하고 살아가는 이가 몇이나 될까, 하는 확률에 도전을 한다고 해도 과언이 아니다. 엄청난 충격인 것이다. 지나친 로또 1등의 야망은 로또로 인해 그들 스스로가 패망의 길을 만들어갔으며 그것이 현실이 되었다.

원인에 있다

옛말이 있다. 신하가 임금을 죽이고 자식이 아비를 죽이는 일은 하루아침이나 저녁 일에 그 원인이 있는 게 아니다. 먼 원인으로부터 시작되어 나온 것이 차츰차츰 이루어진 것이다. 지금의 현실이 이러한 것이다. 비록 시대가 일제 36년과 6.25를 겪은 이들에게 답이 없는 세상을 만들어 주었기는 하다. 하지만 모든 현실과 과정은 지금의 결실이 되어 모든 이들이 답이 없다고 하는 것은 개인들이 어쩔 수 없이 각자의 답을 가지고 살아온 과거가 있기 때문이다. 이 시대야말로 혼돈의 시대이다. 일제 강점기 때에는 너무도 긴 굴욕에 의해 미래가 안 보이는 시점에서 그나마 머리가 똑똑하다는 사람들은 현실에 적응하기 위해 노력했다. 그 노력이 우리의 독립을 더욱더 힘들게 만들어가고 그놈의 노력이 아까워서인지 대한민국의 암울함을 더욱더 가중시켰던 이들의 수가 얼마였는가. 이들의 속박과 억압 속에서도 풀뿌리라도 잡는다는 심정으로 살아온 이들 또한 얼마인가. 원하든 원치 안든 일본은 패망의 길로 들어선다. 그날의 충격 희비가 엇갈린다. 그리고 또 한 번의 암울한 현실은 6.25 전쟁이다. 이른 새벽 포성으로 시작된 죽음의 향연은 한 인간의 잘못된 판단으로 인해 엄청난 희생과 절망 부서짐의 끝장 판을 보게 되었다. 또한 거기에서 살아 남기 위한 처절한 발버둥은 아침에는 파랭이 만세 저녁에는 빨갱이 만세를 반복하면서 삶을 구걸하였다. 때론 파랭이로 위장을 한 빨갱이에게 우리 국민이 보이는 대로 파랭이 만세를 하면 바로 죽고 고문당하고, 반대로 빨갱이 옷으로 위장한 파랭이가 나타났을 때 빨갱이 만세 하면 이 또한 고문과 죽음으로 이어졌던 시대이다. 말 그대로 한 치 앞을 못보고 판단이 틀리면 그 즉시 죽음이고 운이 좋으면 위로와 격려의 삶이 반복되었다. 그러다 눈치를 보고 그러다 다시 침묵하고 이러한 일들이 밥 먹듯이 이루어진 시대인 것이다. 이러한 시대를 살아온 우리의 부모세대는 오로지 하나 어떻게든 살아서 대를 이어야 한다는 삶의 목표만을 가지고 대한민국을 일으켜 세우셨다. 여기에는 하나의 목적이 있을 뿐 옆을 바라보지도 못하고 남을 건사한다는 것은 더더욱 힘든 현실 속에서 자기 가족만이라도 건사하는 것만이 가족을 지키고 나라를 유지할 수 있는 지름길이었다. 여기에 교향 질서 단합 고생 이러한 단어는 너무도 무의미한 것이었다. 현실을 안고 살아가는 우리의 부모들은 군대용어로 말하면 각개전투를 한 것이다. 다시 말해 고지의 점령을 위해 단합전술이 아니고 각자 능력껏 흩어져 고지 탈환을 한 것이다. 그래서 탄생한 우리의 대한민국은 눈치와 줄서기가 대세라는 명제를 항시 마음속에 새겨가며 우리의 자식들을 키워왔다. 그것에 길들여져 자라온 우리들은 극도의 이기심에 젖어있는 상황에 봉착한 것이다. 이 시기에 가장 많이 이해가 갔던 문구는 세상에는 답이 없다는 말이다. 이 말은 어떠한 형식으로 살던 자기만 잘 살아나가면 된다는 말과도 같기에 모두가 각자의 답을 갖고 살아간다는 것이다. 허나 이 말이 21세기 지금까지 유지 된다면 우리 사회는 너무나도 위험한 현실에 놓이게 된다. 비록 세상의 삶은 각자의 성격이 다르고 타고난 저마다의 기질과 능력이 달라서 공통적인 답을 찾기란 어렵기에 각자의 행함이 답이라는 언사는 맞는 말일 수도 있다. 허나 이것이 길어지면 이 사회의 자중지란을 초래하여 도태 또는 파멸에 이를 수 있기 때문이다.

모든 이들이 혼내는 방법에서 받아들이는 이는 천차만별

인간에게 나타나는 화의 모습은 이렇다. 15초의 화가 상승을 하며 2분을 기점으로 내려오고 15분을 종점으로 수그러진다. 남을 꾸짖을 때는 그 잘못을 꾸짖고 사람을 꾸짖으면 안 된다. 인간에게 애정이 생기면 그 인간의 잘못을 가지고 꾸짖게 되는데, 꾸짖는 이는 대체적으로 그 잘못을 지적하여 재발하지 않기 위한 꾸짖음이 대부분이다. 허나 이것은 받아들이는 이에 따라 천차만별 반응이 나타난다. 이 문제의 핵심은 어떠한 이가 꾸중을 하느냐에 초점이 맞춰진다는 것이다. 싫어하는 이가 했을 경우, 경멸하는 이가 했을 경우, 사랑하는 이가 했을 경우, 너무 판이하게 다르기 때문이다. 화는 옮겨가는 습관이 있다. 어떠한 이의 충고를 듣느냐에 관해 증폭도 되고 축소도 된다. 때로는 사그라지기도 한다. 이러한 현상은 인간 모두의 자연스러운 현상인 것이다. 그것은 항상 상대가 누구냐에 따른 원인이 있기 때문에 인간은 마음대로 충고를 하여도 안 되며, 그의 인생에 끼어들 때에는 더더욱 조심할 노릇이다. 옳은 것을 옳다고 한다는 것은 인간 개인마다 다르게 받아들일 수 있기 때문이다.

거짓과 진실의 정의

거짓을 진실이 이긴다는 말은 거짓이 밝혀진다는 것이다. 하지만 누구와 진실게임을 하느냐에 따라 진실의 형태는 천차만별이다. 만약 권력이 있는 자와 벌인 게임이라면 밝혀졌을 때의 진실은 너덜너덜해져 회생불능의 상태로 놓여있고, 거짓을 저지른 나쁜 놈들은 "조심해야지" 하고 권력이 없다면 "재수가 없어서 그래" 하며 반성의 분위기란 전혀 없이 자신을 위로한다. 당사자가 아닌 일부 국민들은 그것을 보며 혀를 끌끌 차며 무심히 하는 말이 "털어서 먼지 안 나는 사람 있어"라고 말한다. 그러다 벌의 강도가 쎄면 "그러지 말아야지" 하고 조심하고 바른 삶을 살려다가 기득권들에 보완된 또 다른 비리로 인해 "내가 왜 이렇게 바르려고 하지?" 생각하며 한탄한다. 이는 우리사회가 자기만 생각하며 요행을 바라는 마음들이 지배적이기 때문이라 말할 수 있을 것이다. 얼마나 더 많은 피해자가 고귀한 목숨을 끝내야만 우리 사회가 바로 돌아갈 것인가 눈물이 앞을 가린다.

절실함에서 오는 판단이 해답이 됨을 경계해야 한다

인간이 행함에 있어 항시 반대급부적인 것이 있기 마련이며, 그것은 또 하나의 옳음으로 작용할 수 있는 언어이다. 인간은 진심어린 말에 감동하고 그에 감명을 받아 자기 또한 남에게 그렇게 보여지기를 바라며 갈망한다. 하지만 인간의 대부분은 바라보는 시점에서의 감동일 뿐 자기가 대입되는 현실에서는 진실 무게에 따른 용기가 필요하기에 감동을 만들어내기란 쉬운 일이 아니다. 더욱이 현실 상황에 처해 있는 우리 마음속의 간절함은 자기만의 옳음을 만들고 그것을 추종하면서 옳고 그름을 잘못 판단하는 실수의 기준으로 자리한다. 이렇듯이 자기만의 생각에 의해 옳다고 하는 일들은 자기 자신의 절실함에서 오는 것이 주류를 이룬다. 그러므로 우리는 동요되는 것에 주의해야 하며, 항상 자신의 성찰 속에 마음을 이분화 하여 어려울 때의 평정심을 가질 수 있는 마음 자세를 지녀야 한다. 또한 자기의 해야 할 일을 바르게 알고 자기 본연의 중심을 잡아서 한 발 한 발 나아가는 것이 무엇보다 중요하다. 그러기에 자신의 진실함을 찾는다는 말은 백 번을 강조하여도 좋은 말이며 해답이 없다. 그것이 현실 속에서 가야 할 길과 해야 할 길을 알려주는 지표가 되는 것이다.

책의 위험성

우리 인간이 진리를 깨닫는다는 것은 너무나도 어렵다. 이 세상의 모든 일은 심오한 뜻이 없는 글이 없으며 의미가 없는 단어는 존재하지 않는다. 또한 모든 글에는 그것을 표현하고자 하는 뜻이 담겨져 있는 것이다. 허나 우리 인간은 그 뜻을 헤아리기가 여간 어려운 것이 아니다. 아주 자세한 설명이 있다면 그것은 각자의 몫이 되어 각자가 편한 쪽으로 받아들여지게 되는 것이다. 비디오에 19금이 있다. 허나 책에는 평생이라는 19금이 존재한다. 왜일까? 그것은 인간 각자마다 삶의 형태와 깊이 또는 바램이 다르기 때문이다. 거기에 인생의 깊이가 얕은 이들에게는 어떠한 책도 위험하기 때문이다. 또한 인간의 가장 많은 실수는 어른이 되면 이정 도는 다 알고 있을 거라는 생각이다. 이것은 너무 황당한 생각이며 어이가 없다. 인간이란 죽을 때까지도 철이 안 들어서 자식에게 인정을 못 받고 사회의 지탄을 받기도 한다. 이러한 일들이 비일비재한 것은 우리는 모두가 그 나이에는 어른의 임무를 다할 것이라는 안이란 생각에 사로잡혀 있기 때문이다. 더욱이 인간은 한 곳에 치우치면 다른 곳의 중요함을 모르기 일쑤다. 이러한 일들은 나름대로 생활의 지혜를 얻기 위해 책을 보았을 때 어떠한 책을 읽느냐에 따라 그 인생 또한 잘못 나갈 수 있기 때문이다. (허나 자신을 아는 이들에게는 어떠한 책도 읽어야할 자격이 주어진다.)

인생의 장벽은 자기의 관찰로 인해 없어진다

우리는 살면서 벽이라는 것에 부딪친다. 이런 상황에서 무언가 안다는 이들이 조언을 한답시고 그것을 깨부수고 가든가, 그것이 힘들면 돌아가면 되지 하고 말한다. 비록 말의 어휘는 정답과 비슷하지만 말하는 이의 의도와 받아들이는 이의 생각은 밀어붙이든가 피해 가라로 들리는 것이 일반적이다. 이로 인해 좌절이나 불안은 더욱 가중된다. 하지만 부닥쳐서 깨뜨려야 할 이유도 없고 돌아가거나 타고 넘어야 할 이유는 더더욱 없다. 이것은 자기가 만든 것이기에 천천히 관찰하면 장벽이라는 것은 스스로 없어진다는 것을 알아야 한다. 또한 장벽이 생기는 이유는 자기 자신이 자기를 돌아보는 시간을 가지라는 말이며, 그것을 깨야 한다든가 넘어야 한다는 강박관념으로 나간다면 매사를 그르친다. 급할수록 자중하라

극기를 하는 이유

극기를 위해 어려움을 자주 찾아가는 이는 현실에서 인간으로 살아가면서 자기가 행복하다는 마음으로 살아가기를 바라는 마음이 있다. 이들은 삶의 행복을 마음으로 느끼고 싶어서 때로는 여행을 떠나고 때로는 방황과 개혁 또는 도전을 한다. 이것은 지금의 삶을 살아가는 이들이 평범한 삶 속에서 행복한 삶을 살기 위한 몸부림이다. 하지만 극기를 해보기 위해 자주 찾아가는 이는 그 마음이 현실에서 극기를 한 후에 느낌이 오래 지속되지 못한 이유이다. 인간은 망각의 뇌를 가지고 있지만 몸과 마음은 그 과정을 오래 유지하기 위한 노력을 한다. 이는 더 나은 미래의 삶을 만들기 위한 것이며 인간의 목표와 신념의 행보인 것이다. 또한 몸이 요구하는 행복과 머리가 요구하는 행복을 동일시 하기 위한 싸움이기도 하다.

여자 사람친구 남자 사람친구

21세기 우리는 눈부신 성장을 하여 결혼 후에도 여자 사람친구와 남자 사람친구를 만나고자 하는 부부들이 있다. 서로 남자가 안전하다, 여자가 안전하다, 하며 말다툼을 한다. 불과 얼마 전만 해도 결혼한 부부가 이런 생각을 한다는 것은 상상이 안 되므로 불륜으로 치부되기 일쑤였다. 이는 남녀가 평등하게 참여하는 사회에서 동료가 친구가 된다는 것이 지금 신세대의 갈등을 만들어가지만 이는 시대가 변하였기에 당연한 일이라 생각한다. 하지만 이로 인하여 젊은 세대든 신세대든 이혼하는 부부가 나오는 것은 우리 사회 인식의 부족한 현상이라 말할 수 있다. 이러한 현상이 우리 사회에 뿌리를 내리기까지는 서로가 조심하여 올바른 확신을 주어야 한다.

남친과 여친은 우리 민족이 살아온 정서로는 이해하기가 만만치 않으므로 조금 더 깊이 들어가 보기로 한다. 옛말에 남자는 자기를 믿어주는 사람에게 목숨을 바치고, 여자는 자기를 아껴주는 사람에게 목숨을 건다는 말이 있다. 또한 남자는 밖으로 나돌면 사고만 치고 여자는 밖으로 내돌리면 깨진다는 말도 있다. 이는 남자와 여자의 성향을 말하는 것이다. 이러한 성향의 남자는 힘과 용기는 있으나 분별력이 부족하기에 자기를 조율하고 믿어주는 여성에게 의지하려는 마음이 크다는 것이다. 결코 강하다 할 수 없으며 또한 여자 사람친구에게 지속적으로 껄떡이다가 당사자인 여자가 만에 하나 믿어주고 사랑이란 말을 하며 확신을 줄 때 남자의 마음에 동요가 생긴다. 이는 가정이 있는 남자가 자기 스스로는 절대적으로 이루기 힘든 현실이며 그러한 배포가 없다고 해도 과언이 아니다. 이에 반해 여자가 자기를 아껴주고 사랑해주는 남자에게 목숨을 바칠 수 있는 것은 여자의 강인하며 냉혹한 현실의 적응력을 보여주는 것이다. 이는 남자 사람친구가 있을 때 여간해서는 무너지지 않으며 남자들처럼 껄떡이지 않는다. 하지만 백 번 찍어 안 넘어가는 나무가 없다고 했듯이 여자 또한 남자의 껄떡임에 끝내 여심이 흔들렸다면, 남자의 이혼과 이별의 결단이 여기서부터 시작된다. 이는 여성의 현실주의적인 강인함에서 오는 것이다. 그러기에 남자들의 휘어지는 인생보다는 꼿꼿하게 서있는 여자가 남성의 매력적인 강함에 휘어질 줄 모르고 부러져 버리는 강함은 우리 사회의 이혼율의 주도권을 쥐고 있다고 해도 틀린 말이 아닐 것이다. 단 남자라고 해서 모두가 남자의 성격이 아니듯이 여자 또한 모두가 여자의 성격이 아님을 알고 판단함에 신중함을 기할 것이다.

진실이 거짓을 이긴다는 말

진실은 거짓을 이길 수 있다고 누군가 말을 했다. 허나 진실은 거짓을 이길 수는 있으나 이겨야 하는 건지, 바로 이기는 건지, 아니면 기다리면 이기는 건지, 지켜봐야 한다. 바로 이길 수 있는 것은 본인이 그 일에 관하여 한 점 부끄럼이 없었는지, 즉 마음이 옳고 그름에 동의를 했는지를 보아야 함이고, 만약에 마음이 동의를 조금이라도 하였다면 자기 속셈에 정도에 따라 이길 수도 있고 질 수도 있으나 시간을 기다리고 그 과오를 반성하면 진실은 이기게 되어 있다.

어른들이 남을 안 가르치는 이유

옛 어른들은 남의 잘못을 보면 설사 자기가 불이익을 당한다 하더라도 가르쳐야 하는 마음이 대단한 용기를 넘어서는 신념이었다. 하지만 어른들이 '아이들이 무서워' 라는 그 말을 하며 나서지 않는 것은 그 실망이 방황하는 청소년에게만 있는 것이 아니다. 국가적인 사회의 무관심을 토대로 본인의 가정에 부인 또는 자식에 의한 실망이 쌓여 그 여파가 관심을 끊게 한다.

분별력의 결여상태

분별력의 결여가 지금 인간세계의 핵심이다. 모든 인간은 나약하게 태어났고 단단해져가는 과정 속에서 자기의 나약함을 가지고 자기만의 이익을 위한 가장(눈속임)을 보여주었다. 이것은 인간의 분별력을 제어하는 역할을 하여 현실의 이치를 제대로 알 수 없게끔 해방을 놓는다. 이것이 지금까지 이어온 우리의 현실이다. 허나 지금은 모든 이들이 지금껏 해온 것들에 대해 조금만 고민하여 자기의 의견을 있는 그대로 이야기한다면 이 현실의 병폐는 이어갈 수 없다. 서로를 예로써 대한다면 존중하는 마음 또한 생겨날 것이다.

현 상황을 인정한다

불자의 세계는 자신의 성찰이 삶의 목표라 말할 수 있다. 깃발이 펄럭이는 것을 가지고 두 스님이 깃발 스스로가 움직인다와 바람으로 인해 움직인다를 놓고 논쟁을 하는데 있어, 이를 본 큰스님의 한마디는 너의 마음이 움직이기 때문이다였다. 이 말은 불교의 교리를 그대로 보여주는 논리이며 자기의 번뇌를 죽이기 위한 방편의 말이다. 허나 우리 세상의 진리는 깃발이 바림에 펄럭이는 것이 맞다. 우리의 분별력과 이치에 맞는 현상의 중요성을 찾아가는 것은 가장 인간답게 사는 방법인 것이며, 그 중심은 아무것도 아닌 것과 너무도 소중한 것의 경계선상에 존재한다.

게으름이 거지 마인드를 갖게 한다

주인의식이 없는 이들은 자신감의 결여현상으로 나타나는 게으름이 큰 문제가 된다. 이들은 모든 현상에 대해 자기 합리화를 위해 시간을 보냄으로 자존감이란 찾아볼 수 없다. 시간이 갈수록 자기 자신의 주인이 자기임을 망각하며 살아간다. 당장 현실 속에는 편하여 좋을 수 있으나 미래를 생각하며 살아가야 하는 인간으로써는 개인의 손해 일 뿐만 아니라, 국가의 근간을 흔드는 어려움이 올 수도 있음을 생각해야 한다. 주인의식은 자기가 삶을 주도하는 것이기에 자기가 원하는 모든 일들이 힘든 역경이 있을지라도 아름답고 훌륭하게 만들기 위한 노력을 게을리 하지 않는다. 허나 개인 혼자서는 잘 해야 되는 일은 많지만 알지 못하고 안다 해도 할 일이 너무 많기 때문에 서로가 서로를 존중해야만 자기 자신이 행복하고 훌륭한 길로 나갈수 있다.

자기 자신이 어느 누구에게도 휘둘리지 않으려면(역사는 강자들의 역사다)

역사의 강자들이 역사를 자기 위주로 필역하듯이 지금의 현실도 어른들이 주류를 이루다 보니 자기들의 잘못은 합리화 시킨다. 이는 명예를 얻어야 한다는 일부 학자들의 욕심이 우리의 일반 국민을 당치도 않은 자리로 끌어 올렸다. 우리가 우리를 지킬 수 있는 것은 나의 자리를 아는 것이며 그것에 대한 확고한 신념을 갖는 것이다. 21세기 우리는 자기의 그릇을 비우는 것이 아니고 그릇의 크기를 넓혀야 한다. 새 천년의 우리는 더 이상 정치에 휘둘리는 우리가 되지 말고 우리 가슴속에 누구나 철학의 뿌리를 가지고 우리의 국가를 지켜나가야 할 것이다.(인내천 동학)

머리카락의 하얘진은 인간의 발현이다

1만년 역사를 지켜온 우리의 내면에 축적된 삶의 강인함이 자연스러운 체질로 남아 있다. 그러기에 다른 사람이 자기도 모르게 노인이란 생각과 보여지는 것이 어른이란 생각이 든다면, 존중하는 마음 또는 어려워 하는 마음이 자기도 모르게 생기는 것이다. 이렇듯이 우리의 부모님들을 바라보면 머리칼이 하얘지며 얼굴에 주름살이 많아짐을 느낄 수 있다. 이는 너무도 힘들던 시대를 살아오셨기에 나타나는 모습이다.

다문화를 들이는 이유

다국민을 끌어들이는 이유는 그들의 아이디어 또는 능력을 자기네 나라화 하는 것이다. 그것이 하버드 대학이다. 거기의 운영자는 유태인이고 학생들의 당당함을 잃지 않게 하는 것이 그들이 책무이다. 그러므로 다문화인들이 그들의 책무로 인해 비굴해지는 모습을 갖게 해서는 안 된다.

어려운 현실에 의해 잃어버린 예법

우리민족의 힘든 역사로 인해 자기의 편리함만을 내세운 것이 상대에 대한 예법을 망가트리고 지금의 현실을 만들어 놓았다. 이러한 현실은 시기와 환경이 그것을 요구하였고 또한 그것에 부응한 우리의 부모님은 어려움의 현실을 부강한 나라로 만들어 놓았다. 그러나 과거 급작스러운 외세의 침략에 어려움 또한 발전할 수밖에 없는 것이다. 작은 절차와 예법의 어긋남의 시작이 작은 편리함을 만들면서 때론 자기만의 자존감으로도 생각하는 어리석음을 만들어가면서 서서히 정당화된다. 이에 대응하기 위해 우리의 역사 속 삶을 지켜야 할 것이다. 물론 옛것을 모두 무조건 지킴을 말하는 것이 아니다. 지금의 우리는 지켜나갈 것과 수정하여 나갈 것, 또는 바꾸어 나갈 것에 대한 고민이 필요하다는 것이다. 지나친 정보와 합리화 시켜가는 모든 인간들에 의해 실추되어 버렸기에, 그 감각을 살려서 판단하기란 너무도 어려움이 있는 것이 사실이다. 가정 속에서 흔히 일어나는 예를 들어보자. 아이들과 어른이 같은 공간에 있다고 하자. 엄마는 부엌에서 다과를 준비하는데 먼저 달려 나오는 어린 애들에게 들고 나오던 다과를 쥐어주는 행동은 자기가 우선시되는 상황을 만들 수 있다. 이러한 작은 실수가 배려로 착각을 하면서 이루어진다는 것이다.

공산, 민주의 동반과 TV에 출연하는 패널

공산주의와 민주주의는 항상 공존이 되어야 한다. 이것은 우리의 마음에도 공유되고 개개인 모두의 마음에의 공유이다. 이것이 녹여져 있는 민족만이 진정 최고의 만족으로 등극한다. 공산주의는 작게 나누어서 사용하면 더욱더 효과가 있다. 공산주의가 가정으로 들어오고 민주주의가 사회를 유지한다. 공산주의 가정의 확장은 개인의 능력에 맞게끔 운영이 되어야 하며, 그 능력의 한계가 향상됨에 따라 넓혀 가야 한다. 여야로 바꿔가면서 대통령이 나오는 것은 옛 조선의 왕권 정치하고 다른 것이 없다. 우리 국민이 진정한 왕이 되는 사회, 대한민국의 권력은 국민에 의해서만 나온다는 헌법정신을 우리가 지켜가야 하는 것이다. 또한 TV에 나오는 모든 지식 패널들은 예를 들거나 본보기를 말할 때 우선적으로 우리의 옛것에서 찾아 논리를 펴야하고 우리 민족의 예를 들어야 한다. 또한 어떠한 조사기관에서도 우리 국민과 우리음식으로만 조사한 결과를 가지고 이야기함이 옳은 것이다.

모두가 용이 되었다 안주하지 마라

개천에서 용이 나오는 시대가 아니다. 지금은 용천에 우리 모두가 용임으로 사람의 자질을 가추는 것이 더욱 중요하다. 옛 조선시대부터 우리가 넘어야 할 차원이 있는데 조선시대에 어떠한 용이 나와도 지금의 틀을 못 깬다면 그들에 의한 방황 또는 안주일 뿐이다. 또한 우리가 개천에서 용이 나오길 원한다는 것은 일반국민이 아기 한 명을 잉태하는 것과 다를 것이 없다. 이들은 모두가 이 시대의 용이라 말할 수 있으며, 그 옛날 우리의 부모님들은 모두가 용을 만들고 싶어 지극정성으로 자식을 키워 왔다. 이로 인하여 지금의 현실은 밥을 굶지도 않고 자기의 노력만으로도 더 나은 낙원을 만들 수 있게 되었다. 이것은 우리의 오천년 역사 동안 부모들이 기다리고 바라던 용의 모습이라 할 것이다. 또한 인터넷이라는 매체를 통해 누구나 세계의 소식을 알 수 있는 현실이 되었다. 우리 민족 앞으로의 흐름은 세계의 모든 문화를 집대성하여 우리가 이겨 나갈 수 있는 방법으로 문화와 접목해야 한다. 세계의 문화가 이 땅에서 꽃을 피울 수 있는 기틀을 만들어 그것이 이 땅에 재현되어 세계인의 향수가 풍기는 고향 부모님의 땅으로 흘러감이 좋을 듯하다. 그럼으로 새 천년은 진정한 사람이 되기 위한 노력에 힘을 쏟아야 한다.

봉건제도의 힘

우리나라가 임금의 시대에서 지금의 대통령 시대까지 왔지만 우리는 아직도 임금의 시대정신에 사로잡혀 살아간다. 그 시절 우리의 정부는 백성에게 많은 것을 알리려고 하지 않았다. 그것이 왕권 정치를 강화시키는 방법이었다. 지금의 대통령 시대에도 국민이 주도하는 시대가 정착되지 못했다. 대한민국 헌법에서 말하는 국가의 모든 권력은 국민에게서만이 나온다는 절대적인 법률을 정해놓고도 대통령을 축으로 참모진들의 충성심이 애국이라는 탈을 쓰고 백성의 민주화를 눌러왔다. 그로 인해서 우리 사회는 민주주의의 외형만 갖춘 채 모든 것이 왕조를 이어가는 어리석은 역사를 만들어가고 있는 것이다. 또한 신지식인들의 새로운 시도는 자기들의 입지를 확고히 하려는 정치인들의 억압과 강압이 그들을 구속시키며 밑으로 들어가야만 될 수 있는 환경을 만들어 놓았다. 국민이 하늘이라는 말을 하면서 민주를 지키고자 하는 인재들을 짓밟고 있는 것이다. 이보다 더 안타까운 것은 우리의 생각과 생활 속에 아직도 왕조 정신이 남아 있음으로 정작 민주주의를 시행하려 해도 그것을 받아들일 수 있는 국민이 많지 않고 받아들이기에도 생각의 차이가 너무 크다는 것이다. 지금 우리의 현실은 60~70%가 그러하다. 우리 백성들은 깨어나야 한다. 백성의 소리가 이 나라의 주축이 될 수 있으려면 백성이 먼저 깨어나지 않으면 안 된다. 정작 정치인이나 기득권층이 양심이 통해 백성에게 모든 것을 돌리려고 하여도 그것을 받을 수 있는 이들이 없음으로 그 많은 기득권과 힘을 줄 곳이 없는 것이다. 그러므로 우리는 기득권을 받아들일 수 있는 토양을 만들어야 하는데 이러한 토양은 공부를 해서 이루어지는 것도 있지만, 확실한 정착을 위해서는 우리민족적인 가족이라는 우리와 민족의 우리의 틀을 확고한 행동으로 만들어 가야 한다. 그것이 집안의 봉건제도이며 국가의 민주화이다.

가부장적인 생활과 봉건제도

옛 우리의 가부장적인 현상이 가능했던 것은 암울하여 앞이 안 보이는 현실에서 앞서나가는 이의 용기나 가능성에 대해 지지가 있었기에 가능했다. 또한 이러한 현실이 우리의 해방을 맞이하게 하는 초석이 되었고 더 나아가서는 한강의 기적이라는 대한민국을 만드는데 큰 일조를 했다. 하지만 이러한 현상은 가장이 비록 마음에 안 든다 하여도 식구를 먹여 살리기 위해 노력한다는 명제 하에 마음에 안 드는 행동 또는 억압을 묵인해주는 전체의 공동체 의식을 구성하였다. 이러한 의식은 경제의 발전과 저출산으로 인해 많이 완화되었다곤 하나 대다수의 부모 마음속에 응집되어 있다. 우리의 역사가 말해주듯이 어려운 환경 속에서 살아남을 수 있는 가정의 기틀을 잡기 위해서는 가부장적인 힘이 필요하지만, 어려움을 넘어선 지금 남녀가 평등한 민주주의 제도와 예법이 확고한 가정을 운영해야 한다.

우리가 생각하는 사랑이란

우리가 생각하는 사랑이 자기의 즐거움이나 쾌락과 자기 만족이 사랑받는 것이라 생각한다면, 이러한 사랑을 받는 것은 그것을 주기 위한 어떠한 과정을 거쳤는가, 또는 노력의 과정이 어떠한가를 체크하여 사랑을 받았다, 라고 해야 한다. 다시 말하면 나에게 오는 쾌락이나 즐거움과 기쁨 모두가 만들어 준 이의 정성과 의미 형성과정, 이런 것에 준하여 사랑의 척도를 정해야 하는 것이다.

남녀의 평등은(21세기)

어머니들이 남아를 좋아하고 남아를 원하는 것은 여자와 남자라는 음양의 이치로 인한 것도 있지만, 시대적으로 사회 출세가 남자에게 있음으로 자기가 원하는 꿈을 꿀 수 있었기 때문이다. 이에 부부는 좋은 환경을 만들어 자기 2세의 출산과 성장을 위해서 많이 노력을 하였다. 허나 21세기는 다르다. 땅의 기운이 좋아지면서 하늘과 땅이 평등을 이루는 시기이며, 남자만이 앞장서서 또는 남자의 생각에만 따르지 않아도 되는 시기가 도래한 것이다. 이는 20세기의 많은 세월을 보내면서 여성에게 환경을 주관할 수 있는 힘이 주어졌다 말할 수 있다. 이제는 타협이 없이는 환경은 만들어지지 않는다. 발전보다는 과거 또는 현재 또는 더 큰 과거로 돌아갈 수 있기 때문이다. 하지만 안타까운 것은 정작 여성 자신이 적응을 못하고 있음이며, 남성 또한 이러한 분위기에 적응이 안 되었다는 것이다.

이기심의 조장

급변한 사회에서는 신경 쓸 것이 너무 많아 신경 쓰고 싶지 않은 것이다. 그 와중에 신경을 쓰고 싶다면 자기 관심사에나 신경을 쓰고 싶은 것이다.

제3부

말의 힘, 몸의 힘

단어가 가지고 있는 언변의 이중성

언변 화술에 대해 예를 하나 들자면 귀엽게는 악어와 무섭게는 장미를 말할 수 있다. 어떠한 잘못된 일에 관해서도 좋은 말로 미화를 시킨다. 모든 단어에는 반대적인 것이 같이 포함되어 있기에 조금 안다는 이들에게는 그것을 역설하는 것이 훌륭해 보일지 모르지만 현실은 그것이 너무 만연해서 오히려 자기의 치부를 가리는 것에만 활용하느라 급급하다. 우리가 법으로 진실을 규명하려 수사를 하는 이유는 사건 속에 만연한 논리의 진실된 현상을 찾아내는 게임과 같다. 이렇듯이 우리의 언어도 진실이 외곡 되어서는 안 된다. 모든 단어에는 그 의미가 있지만 그 의미를 다르게 표현할 수 있듯이 그 단어에 보여지는 순수한 의미를 당당히 이야기할 줄 아는 것이야말로 현실에서는 가장 필요한 것이다.

우리의 말이 간절함으로 변하면 우리 조상들은 그것을 이루어주기 위한 노력을 한다

이 땅의 모든 이가 들어서 흥얼거릴 것과 듣고 안 들은 듯이 잊어야 하는 것이 있다. 이는 흥얼거리는 말의 반복은 무의식적인 간절함에 있기 때문이다 옛말에 자손이 간절하게 원하면 구천 깊은 곳에 있는 조상신마저 나와 도우려 한다는 말이 있다. 자연 또한 이루어주려 애를 쓴다는 말이다. 우리는 여기서 이 말에 대해 진짜인가 아닌가 하는 의문을 가질 수가 있다. 허나 우리 주위에서 이러한 일들은 무수히 벌어지며 일어나고 있다. 슬픈 노래를 좋아하면 인생이 슬퍼진다. 반대로 즐거운 노래를 부르면 인생이 좋아진다. 웃으면 복이 오고 만병이 고쳐진다. 이러한 여러 가지의 현상들로 인해 이루어지는 일들 또한 비일비재하다. 그러면 우리는 여기서 그렇게 하는데도 안 이루어진다고 말하는 이들이 있다. 이들의 맹점은 꾸준함과 간절함과 진정성을 등한시 함이며, 또한 조상들의 아끼는 마음과 부모들의 바라는 마음, 또는 주위의 모든 이들의 바라는 마음이 간절함을 이루는 존재의 밑바탕이 됨을 모르기 때문이다.

흔히 무심코 듣는 이야기들이 있다면 자기와의 인연에 의해서 들리는 것일 수가 있으며 만약 아무런 이유도 없이 신경이 쓰인다면 그것은 더욱더 큰 인연으로 인해 자기의 앞날을 개척하는데 일익을 감당할 수도 있음이다. 이렇듯 자기에게 들리는 모든 소리는 자기의 앞날에 작게 또는 크게 영향력을 미치게 되는 일들을 만들 수도 있다. 그러나 이것을 너무 한쪽에만 치우치거나 지나치게 관심을 갖는 것은 발전의 계기가 아니라 자신을 옴짝달싹 할 수 없이 만들어 버리는 이유가 될 수도 있음을 알아야 한다.

그러므로 사회에서 누구의 초청으로 인해 말을 해야 하는 일들 모두가 그것이 나와 어떠한 연관성에 대해 자기를 한번 돌아볼 수 있는 시간이 되었으면 한다. 어떠한 경우든 만인 앞에서 이야기할 이유가 생긴다면 그들에게 큰 사명감이 주어지는 것이기에 그 기회를 살려 만인을 이롭게 하는 일에 최선을 다해야 할 것이다.

우리 먹거리에 또는 상대방에 악담보다는 좋은 의미를 담아야 하는 이유

우리의 역사 속 궁궐 드라마에 서로가 권력을 잡기 위한 방법으로 여인들이 무당을 찾아가 저주를 사주하는 행위를 본 적이 있을 것이다. 술잔 두 개에 술을 담아 놓고 한쪽 잔에다가만 욕을 하며 짜증을 냈을 때 짜증을 낸 잔의 술이 쓰고 맛이 없었다는 실험이 현실로 증명되었다. 또한 식물에게도 좋은 음악을 틀어주고 키운 채소는 잘 자라고 맛도 좋다는 이야기도 사실로 판정되었다. 만약 인간이 인간에게 악담을 한다면 어떠할 것인가 생각을 해보자.

말에는 악의가 있는 말이 있고 악의가 없는 말이 있다. 이것은 말을 하는 인간의 감정에서 우러나오는 것이며 받는 이의 감정과는 아무런 상관이 없다. 또한 말이란 알게 모르게 젖어드는 힘이 있다. 슬픈 노래를 부르는 가수는 슬퍼진다는 말, 어떤 말이든 그 말을 자주 되뇌면 말대로 인생이 된다는 말, 우리사회에 만연한 말들이다. 그러므로 사람은 서로 척을 지지 말라는 말이 있듯이 서로가 인상 붉히지 안고 사는 것처럼 좋은 것은 없다 할 것이다. 하지만 사람에게 아무리 악담을 하여도 통하지 않는 경우가 있는데 모든 인간에게는 방어체계가 존재하기 때문이다. 악담을 이루기 위해서는 최소한 진심에서 우러나오는 마음으로 100일 이상을 하루도 빠짐없이 악담을 해야 효력이 발생하며, 그 효력이 일어난 만큼의 어려움을 본인도 겪어야 함을 감수해야 한다. 그러나 이것을 감수하며 다 지켰는데 안 이루어지는 경우가 있다. 이는 악담을 받은 사람의 부모 형제를 포함한 지인들 중의 한 사람이라도 악담을 한 사람을 위해 악담한 사람만큼의 정성으로 잘 되기를 비는 이가 있는 경우이다. 그의 악담은 악담을 한 사람인 본인에게만 아픔으로 남게 되기 때문이다. 그러므로 가족 간의 악담과 멸시는 방어 체계의 리듬을 뚫고 들어가며 무방비 생채 리듬이 될 확률이 높기에 가족 간에 는 더욱더 악담을 금하는 것이 좋다. 이러한 무방비한 것들은 전체에 국한이 되지만 우리 인간에게 가장 친근하게 발전해온 식물과 동물 중 움직이지 않는 것에 더욱더 국한이 된다.

언어를 형성하는 어떠한 단어든 한 단어의 인식이 신념을 만든다

신념이라는 것은 한 단어를 인정했을 때 생긴다. 어떠한 단어든 간에 다양성을 지니고 있기에 우리가 어떤 언어를 신봉하여 어느 만큼의 감응을 받아 행하느냐에 따라 인생의 미래는 좌우된다.

언행의 일치를 이룰 수 있게 하는 말이 으뜸이다

말 한마디에 천 냥 빚을 갚는다는 우리의 속담이 있듯이 말의 힘이란 크다고 할 수 있다. 그러므로 사람에게 가장 큰 선물은 그 사람에게 맞는 조언이라 할 수 있다. 여기에는 진정한 마음으로 당사자의 미래를 위한 방향 제시이어야 하며, 받는 이의 감동과 깨우침이 수반되어야 할 것이다. 우리의 인생을 진솔하게 사는 이들의 경륜 속에는 작은 일을 소중히 하는 배려가 있으며, 이것은 자식을 사랑으로 바르게 키우는 우리 부모들의 모습일 것이다.

바램을 이루기 위해서는

바램이라 함은 노력의 기준에 따라 이루어지는 시기가 다르다. 하지만 노력의 기반을 가지고 실천해 가는 바램은 꼭 이루어진다. 실천하는 노력이 없는 간절함이 이루어지는 것은 도박과 같으며, 거기에는 대가가 따르기 마련이다. 이는 바램에 반비례하여 그 여파는 다가온다.

말의 무게

옛부터 우리의 생활 속에는 입을 너무 가볍게 놀리는 이들에게 경고하기 위한 방정맞다라는 말과 시험 볼 때 미역국을 먹지 말라는 것과 같은 여러 가지 말들이 있다. 간절함을 앞에 두고 혹시라도 부정을 타면 어떡하나 하는 근심어린 마음에서 이루어진 말들이 많다. 우리의 삶 속에는 실질적인 어려움으로 다가오는 경우가 다반사다. 말이 씨가 된다는 말이 있듯이 조심스러운 말들은 우리의 옛 생활부터 많은 시행착오 속에서 만들어진 것이기에 무작정 무시하기란 쉬운 일이 아니다. 그러기에 어느 것이 진심인가를 파악해 보자면 수시로 변하는 것은 진심에 기반을 두지 않은 것이다. 그렇기 때문에 이것들은 해도 되고 안 해도 됨으로 이루어짐에 큰 작용을 하지 않지만 간절함이 오래 지속 된다면 자연은 이러한 일들을 이루기 위한 운행을 시작한다.

말로 하는 단어

모든 단어가 인간들이 가지고 놀기 딱 맞는 언어라고 생각들 하지만, 단어의 의미로 들어가면 사랑, 용서, 행복, 자비, 도전 등 모든 단어들이 인간이 가지고 놀 언어가 아니라 사람이 지니고 항상 지향하며 살아가야할 덕목인 것이다.

머리와 몸의 일치로 인해 이루어지는 말의 힘

말의 힘이 생긴다는 것은 몸과 마음에서 우러나오는 것이어야 하며, 몸과 마음의 일치에서 오는 바램은 노력하는 대로 이루어진다. 어느 실험에서 술을 두 잔 부어놓고 각 잔마다 다르게 말을 하면 안 좋게 말한 잔이 쓰다고 한다. 입에 쓴 것이 몸에 좋다는 말을 생각할 때는 어떠한 것이 몸속에 들어 왔을 때 어떤 것이 더 좋은지는 모른다. 하지만 단순히 볼 때 안 좋은 소리를 한 잔의 술이 변화를 보여 입에 안 맞게끔 쓴 맛이 난다는 것이다. 이것으로 미루어 볼 때 어떤 이가 악담을 하면 악담을 받은 사람이 변화를 보이는 것과 같다. 그러므로 만약 악담 하는 사람의 몸과 정신이 일치를 보았을 때 더욱 강력하게 작용한다는 의미를 부여하고 있음을 말함이다.

홍얼거리는 소리는 영들이 심도 있게 듣는 언어이다

자기도 모르는 무의식적인 홍얼댐이 계속적으로 반복이 되면 영적인 세계와의 교감의 첫 단계가 시작 되었다 할 것이다. 이것은 자신이 원하지 않았지만 조상의 영에게는 간절히 원하는 것처럼 들리기에 집안의 조상들은 그것을 이루기 위한 노력을 기울이기 시작하는 단계이다. 옳고 그름을 떠나 무의식 속에서 작용한다는 것은 몸의 자발적인 움직임의 시작을 말하는 것이다. 그러기에 너무나도 절실함과 간절함이 내포되어 있다고 영들은 판단하기 때문이다.

분별력의 결여상태

분별력의 결여가 지금의 인간세계의 핵심이다. 모든 인간은 나약하게 태어났고 단단해져 가는 과정 속에서 자기의 나약함을 가지고 자기만의 이익을 위한 가장을 보여주었다. 이것은 인간의 분별력을 제어하는 역할을 하여 현실의 이치를 제대로 알 수 없게끔 해방을 놓는다. 이것이 지금까지 이어온 우리의 현실이다. 허나 지금은 모든 이들이 지금껏 해온 것들에 대해 조금만 고민하여 자기의 의견을 있는 그대로 이야기 한다면 이 현실의 병폐는 이어갈 수 없다. 서로를 예로써 대한다면 존중하는 마음 또한 생겨날 것이다.

우리민족 언어의 위대함

우리민족의 언어를 한 번 돌아보면 모든 사물과 자연에 가장 근접하고 자연스러우며 아름답게 표현할 수 있는 유일한 언어이다. 또한 각 지방마다 다른 다양한 사투리가 있는 것은 같은 씨앗에도 여러 가지 종자가 있듯이 각자가 자기의 색깔을 가지고 있어, 때론 아름답게 때론 울퉁불퉁하게 여러 가지 형태로 진화하여 꽃을 피운다. 이것은 먼 옛날 광활한 대지에 퍼져 우리 조선 민족이 동이족 삶을 지내오면서 다양하게 갖고 있던 것을 한 곳에다 응집시켜 놓은 것과 같은 형상이다. 이러한 언어의 의미는 어떠한 역사로 고증을 한다 하여도 우리나라의 말이 전 세계를 통틀어 으뜸가는 유일한 언어가 될 수밖에 없다. 1만년이 흐른 지금 땅에 대한 광활함과 영광은 사라졌으나 가장 으뜸이 되는 언어와 문화를 지금도 간직하고 있음은 우리민족의 힘이 전 세계인들에게 큰 영향력을 발휘했음을 스스로 깨닫고 거기에 대한 긍지를 잊어서는 안 될 것이다.

우리 몸의 세포들에 관한 나의 견해

흔히들 인간이 가지고 있는 세포를 일깨워야 한다는 말을 한다. 우리의 몸속에는 평생을 쓰고 약간의 남음이 있는 세포가 있다고 한다. 이는 사람마다 다르다. 때론 10초나 5초를 심도 있게 생각하는 것만으로도 뇌세포 속에 자신의 의미 하나를 심는 것과 같은데 이 뇌세포는 생각에 관계없이 자라난다. 이러한 세포는 우리 스스로가 활용하여 쓸 수가 있으며 이를 활용함으로 인해 짧고 굵은 생활과 가늘고 긴 생활의 유지가 가능하다. 또한 이 세포는 순차적으로 녹아 스며들어가면서 그 사람의 변화를 만들어 나간다. 굳이 나의 뇌세포를 열려고 안 해도 순차적으로 열려 버린다는 것이다. 또한 여기의 세포들은 줄기 세포이기에 상중하의 줄기 또는 다른 여러 가지 변화로 이루어져 있다. 이것은 자기 자신이 어느 선을 타고 변화를 가져야 하는지는 본인의 의지에 달려 있으며, 맞지 않는 변화에 당황 또는 적응이 안 되면 자신을 쓰러트리기까지 한다.

자기도 모르게 나오는 미소(극의만족)

행복이라는 것은 몸이 자연히 반응하는 것과 대자연이 자연스레 반응하는 것처럼 동물에게는 배고픔 속에 포만감으로 인간은 다양한 여유로움 속에서 이루어진다. 이는 항상 좋음 속에서나 항상 어려움 속에 서는 순간적인 기쁨일 뿐 행복이 이루어지지 않음을 말한다. 인간의 삶 속에서 말과 행동 속에 자기도 모르게 미소 짓는 것은 말과 행동으로 인해 묻어나오는 것이 아니고, 말과 행동의 발현 속에 옳고 그름이 없는 자연스러움에 있는 것이다. 그러므로 보는 사람에 따라 그 미소를 가장 두려워하며 가장 행복해 한다.

몸이 머리에 지시를 하였기 때문에

햄버거 회사에서 자기 제품을 홍보하기 위한 햄버거 많이 먹는 대회를 열었다. 1등으로 가장 많이 먹은 사람이 우리나라의 호리호리한 여자였다. 그 여자는 너무도 호리호리하여 작은 배에 어떻게 저 많은 햄버거가 들어갈 수 있는가 하는 논란이 있을 정도였다. 이것은 머리가 1등이 되고 싶은 욕망에 의해 몸에게 먹으라고 하는 것이며 몸은 잘못됨을 알면서도 머리의 지시를 따르는 것이다. 이것이 우리가 생각하는 정상적인 발상이지만 이와는 반대로 몸은 언제나 정직하여 필요 이상의 일들을 머리에 전달하지 않는다. 이는 몸이 항상 몸의 상황을 머리에 전달하여 머리를 일깨워 주고 있기 때문이다. 그러므로 몸은 자기가 일깨워 주는 머리의 욕망을 채워 주기 위해 몸이 안 좋아져 위장속 탈을 인지하면서도 받아들이는 것이다.

몸과 머리의 분리

머리를 속여서라도 아드레날린이나 엔돌핀 같은 물질을 만들어내라고 흔히들 이야기한다. 하지만 이것은 어리석은 짓이다. 머리는 끊임없이 몸을 알기 위해 노력하고 몸은 끊임없이 기능과 동작을 머리에 전달한다. 이것은 서로의 상생을 위해 일치를 이루려는 노력이기 때문에 굳이 편법을 써서 몸과 머리의 일치함을 더디게 할 이유가 없다. 우리의 인체는 너무도 완벽하게 운영되고 있으므로 엔돌핀이든 여러 물질들을 내보낼 필요가 있을 때는 스스로 알맞는 작동을 하기 때문이다.

머리와 몸에 관해

우리에게 필요함을 느끼는 것에 대해 몸에 대한 반응이나 몸의 이로움이 우선이 되어야 한다. 그런데 우리가 너무 사고에만 충실하다 보니 가장 소중한 것을 놓치며 살아간다. 병이 들어 후회한다

겉과 내면의 이야기

우리가 외형적인 면만 본다면 자신의 보여지는 모습과 행동으로 행하는 모습 두 가지를 들 수가 있다. 보여지는 모습과 행동하는 모습에는 의식과 무의식이 따로 자리한다. 의식이라 함은 자기가 배우고 익힌 것들이 일정한 생각에 의해 표출되는 것이고, 무의식이란 생각 없이 순간적으로 돌출되는 것이라고 말할 수 있다. 의식과 무의식의 이해를 돕기 위해 조금 풀어보기로 한다. 의식의 세계관이 무엇인가. 한 인간이 어머니 뱃속에서 태어나 죽는 그날까지 배우며 익힌 것들을 행동 또는 전략적으로 표현하는 것이다. 무의식의 세계란 한 인간이 어머니 뱃속에서 태어나 죽는 그 순간까지 배우고 익히는 과정 속에서 감당하기 힘든 놀람, 공포, 충격, 분노, 이러한 과정의 기복이 무의식의 산물인 것이다. 이는 서로 상생하는 것은 의식에 귀속 되고 너무도 힘들고 감당하기 어려워서 상생을 못한 잔재는 무의식에 각인되어 매순간 순간을 지배하지만, 다행히도 우리 인간에게는 기억력을 소진시키는 망각의 힘이 있음으로 어려움을 이겨나간다. 이것은 항시 같이 공존하면서 어려움에 처할 때 서로 도와주는 역할을 한다. 망각의 힘이 모든 인간의 중추적인 역할을 하듯이 모든 인간의 평범함 속에는 망각이라는 중심추가 자리하고 있는 것이다. 하지만 장점이 단점이 되고 그 단점이 장점이 되는 우리네 삶 속에는 망각으로 인하여 자기를 바르게 바라볼 수 있는 기회와 시간을 놓치게 되므로 현실 속의 물의 흐름과 같은 사회 현실에 밀려가는 현실을 맞이하는 삶이 비일비재하다. 더욱이 현 사회는 그것을 이용하는 상위집단들이 있어 자각하려는 한 인간의 몸부림을 가만두지 않으므로, 모든 인간은 자신을 지키기 위해서라도 자기를 되돌아보며 생각하고 반성하는 노력이 더욱 필요하다. 이러한 모습은 자존감을 갖기 위한 필연의 길인데도 자성을 못한다면 자존감이 아닌 자존심만 강해져서 모든 고집이 자기의 소유물이 되어 남을 힘들게 하는 것이다. 이러한 실수를 안하기 위해서는 우리는 나를 알려는 노력을 잠시도 게을리해선 안 될 것이다.

몸의 반응에 관한 정신의 의미

소름 돋는다는 말이 있다. 자기도 인지 못하는 현상에서부터 소름은 도드라진다. 우리는 그 현상에 이르기까지는 엄청나게 다양한 감각의 느낌이 몸에 전해져서 이루어지는 것을 우리는 감히 상상을 못한다. 겉으로 들어나는 것을 보고 놀라는 이성이나 정신 자체는 감히 눈치도 못 채는 일인 것이다.

몸과 정신의 합일

언행일치란 말의 기관이 몸의 기관을 파악함에 있어 진전된 것을 이야기한다. 마음은 있는데 용기가 없어서 하지 못했다. 이것은 몸에서 조금 더 지켜봐야 함을 느끼는 물질의 작용이 일기 시작했다는 말이다. 이는 초당적으로 일어나는 일들이다. 이러한 일들이 많으면 마음의 갈등으로 인해 말이 막히거나 버벅거리게 된다.

무의식의 세계(넋두리)

자기의 습관이 보이지 않는 것은 자신을 바라볼 수 있는 여유가 없다는 것이며, 말이 많다는 것은 남을 포용할 수 있는 여유가 부족하다는 것이기에 잔소리로 되풀이 되어 나온다.

나 자신이 지금껏 무엇을 보고 자랐는가, 부모님은 나를 어떻게 훈육하셨는가, 주위 환경은 어떠했는가에 따라 우리의 습관는 만들어진다. 이런 습관은 불안한 마음이 생길 때 모습을 드러낸다.

동물—성격이 수시로 바뀐다. 인간—바로 바뀌지 않으며, 좋음과 나쁨이 항시 공존한다. 군자—좋음과 나쁨의 판단하는 능력이 빠르기에 바로 바뀐다.

신념을 가진 이가 성인이다. 옛 우리의 부모님 중 성인의 마음을 안 가진 분이 몇이나 되겠는가. 아버지나 어머니야 말로 성인이어야 한다. 우리는 옛부터 그러한 집안의 표상으로 모든 집안이 해택을 누려왔다. 잘난 남자 하나가 못난

남지 모두를 훌륭함으로 올려놓았듯이 지금 우리는 각자 가정에서 훌륭한 가풍을 이어받아 활성화하여 미래를 대비하여야 한다. 지금 우리 또한 먼 미래의 조상이기 때문이다

인간에게는 자각의 기관이 있다. 하지만 자기를 돌아보지 아니하고 높은 이상만 가지면 이기주의 성향이 많아진다. 그러기에 인간은 평생을 자기 하나 웃자고 남을 울리고 가는 것이다.

중심을 머리에 두지 말고 몸에 두어라

머리를 속여라. 이것은 어리석은 짓이다. 머리는 끊임없이 몸을 알기 위해 노력하고 몸은 끊임없이 기능과 동작을 머리에 전달한다. 이것은 서로의 상생에서 일치를 이루려는 노력이기 때문에 굳이 편법을 써서 엔도르핀이든 여러 물질들을 내보낼 필요가 없다. 이는 우리가 취직을 할 때에도 얼마를 근속하겠다 라는 말을 할 때 나는 한 달 정도 일할 것이다. 라고 이야기 한다면 이것이 거짓일까, 진실일까. 우리는 자기의 생각이 진실이라 생각을 한다. 허나 그것은 진실이 아닐 수도 있다. 왜일까. 거기에는 몸이 말하는 몸이 경험한 이야기가 아니기 때문이다. 생각이 제 아무리 1년을 다니거나 단 하루를 다닌다고 하여도 몸이 경험하고 이겨나가는 현상에 의해 기일과 시간은 달라지기 때문이다. 몸의 반응은 느낌 작은 흔들림 미세함 소름 아픔 등의 작용을 미세한 행동이 뇌에 전달되어 말을 통해 나온다.

제4부

인간의 의미, 천지인

인간의 의미와 완성의 과정

동물(시작), 인간(과정), 군자(완성), 동물적인 본능과 인간의 혼돈과 군자의 안정이라는 형식의 절차에 걸쳐 행함이 이루어진다. 그러므로 천지인 중 인이야 말로 모두를 생성하는 가장 중요한 변화를 만들어주는 위치이다.

천지인의 역할과 운행법

감을하다, 어두침침하다, 거무데데하다(거무티티), 쪽빛, 이러한 언어가 있는 곳은 조선 단군의 자손만이 알고 있는 이야기이다. 어느 한 곳에 치우치지 않고 양에 가깝다, 음에 가깝다, 라는 움직임 또는 돌아올 수 있는 상태를 이야기하는 것이다. 천과 지, 양과 음, 백과 흑, 또렷함이 있다. 여기서 인이 어느 쪽으로든 다가갈 수가 있지만 그것은 돌아옴과 잠시 머무름을 전제로 하고 있다. 그러므로 인이 천이 되거나 지가 되어버린다는 말은 죽음을 뜻한다. 그러기에 인간세상을 선과 악으로 구분을 한다는 것은 잘못된 판단이다.

세상은 인간을 끊임없이 가르치고 키워준다

하늘이 교훈을 주는 것은 작은 것부터 교훈을 주어 그것을 쇄신할 수 있는 상황을 만들어 준다. 허나 그것이 별깃 아니라는 생각에 무심히 지나가는 사이 차곡차곡 쌓여서 조금 더 큰 덩어리를 만들고 그 덩어리를 계속 지나치면 하늘의 사랑으로 인해 단죄가 시작된다. 그것은 큰 죄를 털어내기 위한 아픔으로 다가온다. 허나 작은 것에서 눈치를 채고 고치거나 조심한다면 뭉쳐지는 어려움이 없이 좋은 미래로 한 발 진보하는 삶을 영위할 것이다.

몸에서 자연스레 터져 나오는 웃음과 울음은 지나치지 않게 안전장치를 하였다

지나친 웃음의 끝은 복상사이며 눈물의 끝은 우울로 인한 자살이다. 우리가 웃음과 울음을 지나치게 웃거나 지나치게 울거나 하는 것에 그 기근을 바로 잡기 위한 처방으로 우리의 몸 스스로가 죽음이라는 곳까지 가기 전에 웃는 이에게 호흡곤란의 경계를 주고 슬픔에는 실어증을 주어 정신을 돌게 하는 장치를 하였다. 우리가 살면서 느끼는 것들이 너무 잘 되어도 즐거워 말고 너무 못되어도 지나치지 말라는 교훈이 여러 곳곳에 있음은 지나치게 좋아하거나 지나치게 슬퍼하는 일에는 항상 반대적인 상태가 존재하기 때문이다.

하늘이 어려움을 주는데 같은 어려움이라도 받아들이는 이에 따라 다르다

하늘이 큰일을 맡길 때는 어려움을 주는데 본인이 이겨나갈 만큼의 힘듦을 준다. 또한 당사자의 환경에 의해 남들이 생각하는 작은 것이라도 본인에게는 너무 힘든 것일 수가 있는 것이기에 표면으로 나타나는 현상들을 그대로 판단하는 것은 매우 어리석은 행동이다.

인간의 종착지는 중립이다

고등동물에서 인간으로, 인간에서 성인으로 사람은 진화한다. 지금 우리는 인간의 단계에 와있다고 말할 수 있다. 그러므로 우리는 인간의 단계를 벗어 나기 위한 노력을 해야한다. 그러기 위해서는 인간으로써 꼭 갖추고 있어야 할 것이 있는데 중립을 위해 노력해 나가는 중용이다. 허나 그 길은 인간의 최고의 단계이기에 그 길에 도달한다는 것이 너무도 힘이 든다.

오행의 상생과 상극

오행이 자기 자신을 주체 못하여 제어해 주기를 바란다면 우리가 지금 생각하고 있는 상생이라는 의미는 없어진다. 오행을 인간에게 대입시켜 보면 (화, 수, 목, 금, 토) 화란 불과 같은 여인, 불과 같은 남자, 수란 물과 같은 여인, 물과 같은 남자다. 이들이 어떤 식으로든 합친다 하여도 그들 스스로가 인간에게 맞는 적당함이나 사건의 중간적인 마음을 낸다면 더없는 상생이다. 어떻게 보면 상생과 상극이 아니라 서로의 지나침을 제어하며 돕는 것이라 말할 수 있다. 이는 우리 동양에는 악마와 천사가 없다는 뜻과 같다.

지구상에 인간에게 가장 귀한 것은 공짜다

연애를 하다가 너무도 좋아지면 사랑을 하게 되고 너무도 같이 있고 싶은 마음이 결혼하며 사랑이 무르익으면 자식이라는 우리의 희망을 잉태한다. 이렇듯이 사랑하는 연인이 하고 싶어 하는 것은 결혼이며 이들이 만들어내는 것은 자식이다. 이보다 훌륭한 행위는 없으므로 자연은 이를 독려하기 위해 공기와 바람 물을 스스로 정화하여 세상의 모든 생명을 이롭게 하였다. 자연이 공짜이듯 자연스레 되는 것은 인간과 인류의 바램이 녹아 자연스럽게 공짜가 된 것이다.

선과 악이 진짜 존재한다면 선의 시작은 악이다

선과 악이 진짜 존재한다면 선의 시작은 악의 시작이다. 선하려고 하는 마음은 자기와 다르다는 이유 또는 자기를 힘들게 하는 이유 또는 자기를 배척한다는 이유만으로도 충분히 악이라 치부한다. 이것은 악이라 치부하는 이의 마음속에도 있으므로 이는 자기와 다른 인간의 마음과 모습을 보면서 또 다른 자기만의 악을 그에게 강요하는 것과 같은 것이다. 이것은 악과 선의 논리가 아니며 인간이라면 누구나 가져지는 감정의 발현인 것이다. 선이 있는 삶은 어떠한 사회에도 필요한 것이다 허나 이것에는 필수적으로 따라 붙어야 할 것은 예이며 바른 생활이다.

인간으로서의 사명

흔히들 인간의 완성은 죽음으로써 가능하다 말한다. 허나 한 인간이 살아서 완성을 못한 것은 죽어서는 더욱 할 수 없기에 살아 있을 때 완성을 위한 노력을 해야 하는 것이며 인간의 완성은 알듯이 모를 듯한 배려이다. 받는 이가 그 배려를 존중하는 중심에 서 있어야 한다.

준비된 도전이야말로 인간의 최정점의 단계이다.(일일신) 인간은 뇌를 모시고 사는 것과 같이 뇌의 양과 몸의 양이 차이가 크다. 대신 뇌로 인한 만족도보다는 몸에 의한 만족도가 더 크다.

인가의 본분은 중용이다. 말 그대로 화합인 것이다. 하늘과 땅 사이에 태어나 하늘의 이치와 땅의 이치를 깨달아 중립을 지키며 더 나아가 상생의 도를 실천하는 것이 인간의 최고의 반열인 것이다. (홍익인간 이념) 허나 한 쪽에 치우쳤을 때 모든 문제는 발생이 된다. 그것이 발전이든 고립이든 간에 우리의 지구는 하늘과 땅의 만남의 조화로 이루어진다. 그 안에 있는 모든 생명체 또한 그 흐름에 의해 움직이며 살아간다. 자연이 인간에게 내려준 특명은 조화로운 상생이다.

절대적 의미

절대적이란 인생의 삶 속에서는 존재할 수 없다. 그러므로 절대적이라 함은 육체의 죽음이며 정신의 죽음이며 또한 그 합침에서 나오는 발현일 것이다. 우리는 보이지 않는 것을 완전한 사라짐으로 인식하고 있다. 하지만 우리 눈에 육과 정신이 보이지 않는다 해서 어찌 없다고만 단정 지을 수 있을까. 우리의 눈에는 너무 큰 것도 안 보이고 너무 작은 것도 안 보이며 너무 멀리 있는 것도 안 보이고 너무 가까이 있는 것도 안 보이는 이러한 현실은 무엇으로 대변할 것인가

인생의 굴곡

우리의 인생을 그래프로 나타낸다면 한마디로 굴곡의 연속이라 할 수 있다. 개개인마다 굴곡의 폭과 높낮이는 다르다 하나 굴곡의 형태는 모두가 동일하다. 오르막과 내리막 그리고 순탄함이 모두가 크고 작고의 차이가 있을 뿐 굴곡이 있음은 같다. 여기에는 순탄함인 작은 오르막과 작은 내리막이 있고 고난의 길인 큰 오르막 큰 내리막이 항상 공존한다. 무수히 많은 작은 오르막과 내리막의 연속선상에서 큰 오르막과 내리막을 오르고 내리지만, 이때 우리는 인생의 작은 오르막과 내리막을 나름대로 노력과 실천으로 주관할 수 있다. 또한 큰 오르막과 내리막도 주관한다. 하지만 자신의 작은 오르막과 큰 오르막의 차이를 주관하지 못하는 것은 자신의 작은 변화를 등한시한 이유일 것이다. 우리의 일반적인 순탄한 과정이라 하면 3세부터 20세 사이라 하겠다. 물론 굴곡은 항시 존재한다. 20세 이후에 삶의 굴곡은 천차만별이다. 여기서 0~3세 사이의 굴곡은 어떠할까? 어머니 뱃속에서 나와 생소한 느낌 생소한 사물 생소한 언어 이 모두가 충격일까. 아니면 감동일까. 아니면 순응일까. 이것의 굴곡은 독자의 생각에 맡기고 싶다. 그럼 여기서 3세부터 20세까지의 순탄한 굴곡을 살아가는 이들의 현실을 보자. 보호관 안에서의 부딪침은 아프지만 견딜만한 아픔이나. 때론 땡깡과 반항으로 인해 자기의 필요한 것을 얻을 수 있는 상황이다. 이 시기는 뿌리인 근본의 시기라 할 수 있다. 자기가 노력한 만큼의 결실을 얻을 수 있기 때문이다. 우리는 이 시기를 중요한 시기라고 천 번 만 번을 강조하여도 조금의 과장됨이 없을 것이다. 또한 이러한 근본은 우리 평생의 삶을 살아가는데 있어 항시 밑바탕이 되어 순간순간 보여지며 급박한 변화와 충격에 대처하는 수단이 된다. 우리의 작고 미세한 굴곡은 희노애락의 삶 속에 인간 근본의 뿌리를 만들어가는 것이다.

큰 굴곡은 어디서 오는가. 결론을 먼저 내린다면 작은 굴곡에 대한 발현이며, 작은 굴곡 또한 평탄함에서 오는 연속선 상의 발현의 일환이다. 그러므로 작은 굴곡으로 이루어진 우리의 3세부터 20세 때 환경의 어려움이 때에 따라 순간순간 대처한다. 또는 기쁨이나 좋은 일이 있을 때, 절제하는 모습과 감정이 생겼을 때, 기복, 조절 꾸준히 매진해 나가는 자세 등의 많은 것을 잘 이겨내고 잘 적응한 이들이 있고, 그것을 이겨내지 못하고 때론 부분적으로 결여되어 불만의 삶을 살아가는 이들이 있다. 이들의 무대라 할 수 있을 것이다. 허나 이 무대 또한 또 하나의 과정임을 명심해야 한다.

큰 오르막과 내리막의 굴곡은 자기의 주관 안에서 이루어지기란 보통 힘든 일이 아니다. 어쩌면 지금의 삶의 형식대로 계속 간다면 불가능할지도 모르는 일이다. 그러기에 우리는 깨어있어야 하며 깨어있는 자만이 사고를 하고 그러한 이들이 자기의 내면에 세계를 들여다 볼 수 있는 기회를 얻게 된다. 그러면 거기서 자각이 일어나 현실의 흐름 속에 낙엽과 같이 쓸려가지 않고 작은 돌부리 내지는 바위가 되어 그 흐름에 변화를 주는 것이다.

인간의 의미는 경계에 있다

“문지방을 밟고 있지 마라 복 달아난다” 옛 어른들에게 수시로 들었던 말이다. 이 말은 경계를 신성하게 여기는 우리민족의 뿌리 깊은 삶 속에서 이루어진 말이다. 이는 인간이라는 존재가 경계선 상에 있기에 경계선을 넘는 과정의 중요함을 말함이며, 또한 인간은 경계선 상의 삶을 살아가며 관장해야 함은 인간의 숙명 같은 발전이 경계에 있기 때문이다.

내면의 세계

우리 인간에게는 내면의 세계를 잘 볼 수 있는 시기가 있다. 그때가 0세부터 3세까지이다. 어머니 뱃속에서 나와 응애하고 울음울 터트리는 순간부터 3세까지는 내면의 세계를 표출하는 정점이라 할 수 있다. 이때 우리는 보여주는 것이며 볼 수 있는 것이다. 허나 자기 스스로는 볼 수가 없기에 설사 볼 수 있다 해도 말과 행동이 제약되어 있음으로 느낌만을 가지고는 아무런 소용이 없다. 그러면 이것을 누가 봐야 하는가. 부모이다. 하지만 우리 부모들은 그것을 놓치기 부지기수이다. 가장 신중하게 바라보아야 할 때에 자신의 현실에 사로잡혀 아기의 진솔함을 보지 못하는 것이다. 설사 그것을 알고 신경을 쓴다고 해도 아기의 내면의 세계를 알기란 너무 어려운 일이다. 그러나 아기는 자기의 내면의 세계를 끊임없이 보여주고 있기에 잘 관찰한다면 아기의 진솔함이 보일 것이다.

우리 인간들은 새로운 것과 다른 세계 또는 현실의 체계와 맞닥뜨리면 자기도 모르게 나오는 습관과 지금까지 살아온 경험 또는 습득한 지식으로 현실에 다가선다. 그러다 때론 깨지고 찌그러지며 새로운 곳이나 현 체제의 현실에 맞게끔 변화한다. 이 현상이야말로 인간이 가진 능력 중 가장 훌륭한 능력임을 자부할 수 있다. 그러나 치우치면 어긋나고 과하면 터지듯이 중심을 못 잡는 가벼움을 경계해야 할 것이다. 생존 본능과 적응력 이것은 둘 다 쌍벽을 이루는 중요한 것이어서 비슷해 보이지만 생각이 있고 없고의 차이기에 엄청난 차이가 있다.

직업에 귀천이 있으며 삶의 방법에 귀천이 없는 것이다

어떠한 사소한 일이라도 원인이 없는 사소함은 존재하지 않는다는 것을 인지해야 한다. 어떤 사람에게도 원인은 찾아오고 그 누구도 원인을 피해갈 수가 없다. 원인에 그 누구도 자유로울 수가 없는 것이다. 이렇듯 원인은 매사 순간순간 한 인간에게 다가오며 그 순간을 끊임없이 이어져 인간의 숨이 멎는 그 순간까지 이어지는 것이다. 인간은 작은 점이 모여 하나의 선을 긋듯이 끝없는 점선의 연장선 상에서 한 인간의 위대함과 평범함 또는 낙오된 자의 위치가 노력 여하에 따라 정해져 각자의 맡은바 임무를 다하게 되는 것이다. 여기에는 그 누구도 중요하지 않은 이가 없다. 직업에 귀천이 없는 것이 아니라 삶의 방법에 귀천이 없는 것이다. 이렇듯이 인간에게 항상 다가오는 작은 원인은 이를 알고 헤쳐나가는 능력에 따라 귀천의 척도가 되는 것이다. 이러한 척도에 따라 결과물을 얻는 과정 속에는 귀천이 있을 수가 없다. 비록 멋들어짐과 안타까움이 있을 순 있어도 과정을 충실히 이행한 결실이 있기 때문이다. 그러기에 우리는 결말보다는 과정을 중시하는 마음을 가져야 한다. 그만큼 과정은 중요하기 때문이다. 진인사 대천명, 과정 속에 꽃은 천차만별로 피어나고 그 꽃을 찾아 모여드는 이들은 어떠한 꽃을 피우는가에 달려있기 때문이다. 천지인이라 함은 선함으로 눈임 없이 키우는 것은 땅이오. 옳지 않음과 옳음의 행위는 인간이 만들어가는 것이며 이를 독려함은 천이다.

장점과 단점

장점과 단점은 살리고 죽이는 것이 아니고 서로 공존함을 인정하며 보안 유지를 하는 것이다. 거기에는 조화로운 상생이 필수다. 장점을 살리고, 라는 말은 장점을 잘 다스리고 단점을 잘 다스려서 서로가 상생을 해야 한다는 말이다. 장점이 단점일 수도 있고 단점이 장점이 될 수도 있음이다. 이는 아는 것이 힘이고 모르는 것이 약이 될 수도 있음을 말한다.

인간의 삶의 과정

인간은 악과 선의 기준이 아니다. 태어나면서부터 행복한 존재로 태어난다. 삶을 살면서 언어, 행복, 느낌 등이 적게와 닿았기에 그것을 극대화시키기 위해 무던히도 이탈한다. 큰 갈증 속에서 물의 단맛이 느껴지듯이 강한 이들은 그 자극을 느껴보려고 한다. 젊음이 치받는 이유는 그 행복의 느낌을 유지하기 위한 확인이고 나이가 들어서는 중년에는 알듯 말 듯한 느낌은 인생의 깊이를 알기 위함이며 세월이 흘러 늙어지면 자연스럽게 느낌을 알게 되나 살아온 뒷모습이 어리석어 그것에 만족을 못한다.

몸과 뇌의 관계

우리 머릿속의 뇌는 진동과 울림이 좋은 공간과 같으며 인간 전신의 많은 핏줄과 연결되어 있다. 그러므로 보이지 않는 어두컴컴한 동굴 속을 혼자 걸을 때 인체가 무의식적으로 경계하는 닭살 반응과, 친근함을 가진 이들이 불행을 당했을 때 왠지 모를 심적인 불안 반응을 끊임없이 수집하며 기록하여 말 또는 행동으로 보여 주기 위해 몸이 현실에 적응하기 위한 노력을 다한다. 이를 단적으로 말하면 머리가 몸을 움직이는 것이 아니라 몸이 뇌에 끊임없이 전달하고자 하는 노력이 뇌를 움직이는 것이라 말할 수 있다. 이러한 노력은 우리 주위를 돌아보면 알 수가 있다. 얼마 전 나는 어느 책에서 노스님이 말씀하신 글귀를 떠올려 본다. '몸이 아프면 가만히 참선을 하며 그 아픈 곳을 들여다보면 그 아픔의 원인을 알 수가 있어 병원을 안가도 스스로 치유하는 방법을 터득했다'는 말이다. 너무도 당연한 말이라 생각한다. 인간과 동식물에 이르기까지 모든 생명체는 자기 스스로 치유하는 능력이 있기 때문이다. 우리는 흔히 몸이 아파 병원에 가면 암3기라는 말을 들을 때가 있다. 이들은 환자들에게 가망이 없다며 죽음을 준비하라는 가혹한 통보다. 하지만 그것을 극복하며 완치한 경우를 우리는 종종 접한다. 이들의 공통상황에는 산으로 들어가 오로지 병마와 마수하며 병을 이기기 위한 삶을 살았다는 것이다. 이는 자신의 몸에 관심이 없었음을 인정하고 노스님의 말과 같이 자기의 아픈 곳을 관찰하며 살았기에 가능한 것이다. 우리 현재의 삶은 자기의 몸이 어떠한 환경에 처했는지 알기란 너무도 힘든 현실이다. 우리는 병원이나 약 등에 의지하며 살아갈 수밖에 없는 것이 사실이다. 그럼에도 우리의 인체는 너무도 위대하여 현실에 적응하며 끊임없이 몸에 대한 정보를 알리려 노력한다. 삶에 쩌들은 현대인들은 몸이 말하는 것을 알아듣지 못하고 무시하고 만다. 그럼에도 인체는 머리가 인지하기 전에 몸의 반응으로 인하여 몸의 역사를 이루어 왔으며 이것을 위한 진화가 꾸준히 되어왔다. 지구상에 살아있는 모두의 역사가 있음을 증명할 수 있는 것은 진화되어 온 몸이 존재하기 때문이다. 그러므로 우리가 역사라고 말할 수 있는 것은 살아 있는 육체의 변화만이 우리의 역사라 말할 수 있는 것이다. 또한 현재의 몸은 역사의 반증이며 실체이다. 이 세상 모든 사물은 자기완성에 있으며 그 생명체들은 앞으로도 꾸준히 우리가 느끼지 못하는 변화로 조금씩 완성되어 간다. 몸의 역사에는 사건과 구전이 있고 몸이 있다. 이것을 단계로 말하면 몸의 사건으로 시작하여 구전의 암기 상태를 거쳐 몸이 완성해 나간다. 허나 몸은 완성을 서두르지 않는다. 서두름 속에는 불균형이 자리하기에 때문에 기다리며 더디게 가려고 한다.

자기가 하고자 하는 뜻대로 되는 이유

모든 사람은 자기가 하고자 하는 뜻대로 된다. 허나 뜻대로 안 된다는 말을 하는 것은 거짓된 뜻과 과장된 뜻을 세우기 때문에 어려워지고 안 이루어지는 것이다. 하늘은 준비된 이에게 노력한 댓가를 주듯이 자기가 잡지 못할 것은 쥐어주지 않는다. 그럼에도 너무 간절하고 간절하게 원하여 설사 자기가 잡지 못할 것이 주어졌다면 그것은 원하는 것을 주기 위한 하늘의 시험지와도 같은 것이다. 그러기에 원하는 높낮이의 형태에 맞게 혹독함이 찾아온다. 진인사 대천명, 이런 말이 있듯이 자기 자신이 무엇을 원하기에 앞서 지금 할 수 있는 것이 무엇이고 내가 가진 것이 무엇이며 나의 능력은 어느 정도인가에 대한 자기성찰을 해야 한다. 그랬을 때만 그 뜻은 이루어지는 것이다. 고로 하늘은 자기가 감당할 수 있는 정도에 맞게끔 기회를 주며 또한 이를 돕는다. 하늘은 남을 돕는 자를 돕는 것이 아니라 자기 분수에 맞게끔, 또한 도움을 받는 이에 맞게끔 돕는 자를 돕는다.

천지불인 토지생인

우리에게 자연이라는 하느님을 곳곳에 놓아두었으며 그것을 누리며 살게 하였다. 허나 우리는 좋은 것에 극도의 좋음을 가지려 하고 싫음을 억지로 배척하려 하는 물타기 현실에 그것의 소중함을 잃고 오히려 여유롭지 못하게 사는 것이다. 허나 앞으로도 자연을 지키고자 하는 인간이 존재하는 한 자연의 하느님은 우리를 위해 항상 존재할 것이며 우리의 존재를 위해 끝없이 운행할 것이다. 이 땅에 만개하는 모든 것은 땅과 공생을 하며 하늘의 무작위한 작용에 대한 보호를 땅이 맡고 있는 것이다. 천지불인에 대한 토생인이다.

운명의 실체

운명이란 인간이 태어날 때부터 정해져있다고 생각하는 사람들과, 개척해 나가며 바꿀 수 있다고 생각하는 사람들로 나눌 수 있다. 우리는 운명이 있다 없다에 결론을 내리지 못 한 채 각자의 생각으로 살아간다. 운명은 무엇일까. 운명은 누구에게나 존재하지만 인간이 태어나고 죽는 것처럼 큰 틀에서의 운명이 주류를 이루고 있기 때문에 운명을 피부로 느끼는 자는 그리 많지 않다. 운명을 느끼는 이들의 삶의 과정에는 매 순간마다 숙명처럼 다가오는 것이 있으며 이들이 이를 거부하기란 너무도 힘들다. 어떠한 형태로든 사회의 큰 이슈가 우연처럼 보일 수 있으나 이 또한 필연이라 말할 수 있다. 그러므로 인간 모두는 운명을 타고 나지만 이와 다르게 숙명적인 운명을 같이 타고 나는 이들이 있다. 이러한 이들을 나열해 보면 비폭력주의자 간디와 희대의 살인마 히틀러, 그리고 무당과 대통령에 준하는 모든 이들이 숙명적인 운명을 받은 자라고 말할 수 있을 것이다. 허나 이들은 일반적인 운명의 도움이 없이는 그 뜻을 이룰 수 없으며 일반인의 염원과 운명이 모여야만 숙명적인 운명을 받는 이가 만들어지는 것이다. 대우주 공간 속에서 아주 미세한 입자들이 모여 별을 만들고 별이 만들어지면 위치에 맞는 숙명적인 운행을 하는 과정 속에서 별의 운명을 받게 된다. 창공이 인간의 정신을 관장하고 땅은 인간의 육체를 관장하여 지구상에 수많은 세포들을 모으고 만물이 합을 이루면 인간이 만들어진다. 인간이 스스로 숙명적인 운명을 만들기에는 많은 노력이 필요하다. 어쩌면 시공을 넘어야 하는 시간이 필요할 수도 있다. 그러므로 노력이 없는 이의 운명이란 너무도 미약하기에 존재하지 않는 것과 같다. 인간이 태어남과 인간이 운명을 받는 것은 인간의 진화발전을 위한 행위이며 그것이 크고 작고 또는 귀천과는 상관없이 영원히 쓰여지는 것이다. 그러기에 운명이라는 실체는 태어남이며 삶 속의 과정이라 할 것이다.

인간은 자기의 몸에 집중하여 건강하게 사는 것이 자연의 법칙이다

인간이 나무를 베고 꽃을 꺾고 음식을 먹고 하는 행위는 하나의 생명체를 아프게 또는 죽이는 행위이다. 허나 이것은 인간이 필요에 의해서 이루어지는 것이며 자연 또한 인간을 죽이고 다치게 하여 자연에 필요한 열량을 채우고 있다. 이 또한 필요에 의한 것이다. 이 모두는 필요에 의한 것이라 말할 수 있기에 이러한 필요함이 없어도 된다면 인간이 자연재해를 당할 일도 없으며 또한 다칠 일도 없을 것이다. 그 필요함은 꼭 있어야 하는 것이며 순환과도 같다. 결정적으로 삶 자체의 존재는 모두가 에너지이기 때문에 죽음마저도 순환의 일부라 말하는 것이다. 이와 같이 우리의 몸은 철두철미하게 본인의 정신을 키우기 위해 끝임 없이 노력하는 땅과 같은 기관이다. 스트레스가 병을 같게 하는 것이 아니라 몸 스스로가 그렇게 살지 말라고 발현되는 것이다. 몸에서 일어나는 모든 것들은 정신을 키우기 위한 발현체이므로 자기를 알고 자기의 정신을 키워 나가는 것에 전념한다면 병 자체는 존재하지 않는다. 작은 아픔마저도 정신을 키우기 위한 여정은 끝이 없다. 이는 작은 병으로 큰 병을 예방하고 작은 실수로 큰 실수를 예방한다.

운기로 인한 자연 운영법

진실은 기적을 만든다. 허나 기적처럼 보일 뿐 그것은 진실의 힘이다. 또한 자연의 운영 법칙이다. 인간에게는 알 수 없는 기가 흐른다. 기란 진실에서 발산되는 것이며 간절함에서 우러나오는 힘이다. 간절함은 또한 절실함이 염원이 되어 기를 갖게 된다. 기의 변화가 오면 그것이 만물에 적용되어 천지를 운영한다. 이러한 순환이 오랜 역사를 지내 오면서 혼돈에서 질서라는 천지의 운행을 만들어 냈다. 또한 불교에서의 인의 도란 경험치나 삶을 복습하는 것이기에 부처는 공을 주장할지는 모른다. 허나 우리의 조선에서는 남아야 하는 삶을 살아야 하기에 삶 자체가 세상 운영의 밑바탕이 된다. 이는 각 나라마다 삶의 방식이 다름을 말함이다.

하늘이 없는 이유

지구의 아우라는 우리의 천공이다. 우리는 지구의 아우라 안에 숨 쉬며 살아가는 존재이다. 지구 또한 하늘이 아닌 공간을 돌고 있는 것이다. 또한 서로가 잡아당겨주는 힘에 의해서 말이다. 우리에게는 하늘은 없다. 단지 공간이 있을 뿐 땅이 만들어낸 공간 말이다. 우리는 그 공간을 하늘이라고 부른다.

이싱이란

인간의 위대함이란 이성을 가지고 있음이다. 허나 그 이성을 갖고 있는 것만으로는 위대할 수가 없으며, 그 이성은 칼과 같아서 사람에게 쓰면 살인마, 파괴범, 위협 등이 되고 음식에 쓰면 건강, 행복, 아름다움, 조화로움으로 거듭난다. 그러므로 이성을 갈고 닦아 나갔을 때만이 그 이성의 의미를 갖추었다고 할 것이다.

제5부

역사의 고증 민족

종교현인의 책보다는 역사의 고증으로 현안과 미래를 만들자

우리는 지금의 현실을 제대로 받아들이고 있는가. 세계 여러 민족들은 종교가 있고 종교의 책 속에 현인들이 있기에 어려움이 생기면 현인들의 책에서 부분적인 해결책을 찾으려 한다. 하지만 이것이 완벽한 해결책이 아닐 수도 있으며 이러한 모든 것은 현실에 혼돈을 줄 수도 있음을 알아야 한다. 짧은 시기마다 중요함이 달라지는 지금의 현실에는 역사를 통해서도 조합을 이루기란 힘이 들기에 역사의 철두철미한 고증으로 인해 미래의 초석을 갖추어 나가야 할 것이다.

우리민족의 대세론적 가치에 나의 중요성

사회를 이끌고 가는 것은 큰 틀의 흐름이기에 때론 대세라고도 하는 환경적인 이슈에 우리는 감흥하며 그것에 울고 웃으며 이끌려 가게 된다. 이러한 것은 세계 어느 민족보다도 조선이라는 우리 민족만이 유독 두드러지는 현상을 갖는다. 이는 민족의 순수함과 정이 기반이 되어 있기 때문이며, 이러한 양식은 우리가 단체로 행동하는 원동력이며 하나로 뭉칠 수 있는 이유로 자리한다. 우리는 대세를 이야기할 때 숲의 전체 모습을 이야기한다. 이것은 흐름을 만드는 과정인 것이다. 허나 여기에 또 하나의 중요함은 숲을 만들기 위해 한 그루의 나무를 심는데 있음이다. 작은 미세함에서의 시작하는 마음 초심을 유지해 나가는 모습, 이것이 항시 밑바탕을 유지해야 함이 당연하며 이에 뚜렷한 목표를 세워 자존감을 세울 일이다.

우리는 우리다

일반인들은 우리를 모르면서 서양을 동경하고 조금 안다 하는 지식인들은 우리를 알려하지 않으면서 동양과 서양을 비교하며 서양을 따라간다. 이는 백의민족이라는 우리의 역사를 모르기에 저질러지는 행태이다. 동서양을 망라해서 우리민족의 위대함이 첫 번째라는 것은 너무도 당연하기에 거두절미하고 민족의 단일성에 대해 이야기하고자 한다. 우리는 단일민족이란 말을 함에 일부 학자들의 의견이 오천년을 내려오면서 이 땅에 여럿 유색인종이 넘나들면서 단일민족의 틀을 유지할 수 없음을 주장을 한다. 허나 지구상에 있는 어떠한 인종이든 환경에 지배를 받지 않는 이는 존재하지 않으므로 그 땅에 뿌리를 내렸다면 빠르면 10년 늦어도 20년이면 교화가 되고, 이들이 2세를 잉태해서 그 땅의 삶을 살아간다면 그 땅의 환경이 시간을 관장하면서 그 땅의 백성으로 만들어 간다. 이는 최소 3대가 지나면 완벽한 이 땅의 일원이 되는 것이다. 이는 단일민족이란 것이 세계 어느 나라에도 존재하며 가능함을 말하는 것이다. 그러므로 우리는 우리이지 동양인이 아니다.

환경의 적응

뜨거운 물에도 살아가는 물고기가 있다. 이것은 환경의 흐름에 맞춰서 진화하였기 때문이다. 우리의 것과 우리의 습관이 중요한 이유다.

문화의 중요성

지구에 살고 있는 모든 사람들은 자신의 이익을 위해 모여 살면서 그룹을 이루고 그것이 발전하여 나라를 형성한다. 각 나라마다 토질과 환경에 적응하려는 삶 속에서 묻어 나온 것을 문화와 역사로 만들며 이어왔기에 나라마다 민족의 성향과 생김새가 다를 수밖에 없다. 이는 각 나라가 같은 문화를 가지고 살아간다는 것은 낙타가 바늘귀를 통과 하는 것처럼 어려운 일이다. 그러므로 오래된 역사를 가졌다는 것은 세월의 무게만큼이나 귀하다 할 것이다. 그러므로 어떠한 민족이든 그들의 문화는 소중한 것이다. 하지만 아프리카의 식인종 문화처럼 너무 혐오스럽거나 터무니없는 문화에 대해서는 그 민족의 감성으로 조율하며 다가감이 옳은 것이다.

우리 역사를 지켜온 무형의 유산들

우리 역사를 지켜온 젓가락과 더불어 더욱더 중요한 것은 무형의 유산이다. 이것은 나이만으로 형님 아우를 따지는 우리 문화 즉 웃어른을 또는 선배를 공경하는 정의 문화이다. 정의 문화란 서로 배려해 주는 문화이다. 허나 옛날의 배려와 지금의 배려는 조금은 다르다. 왜일까? 배려는 우리가 함께라는 이해하는 마음에서 오는 것인데 지금의 배려는 자기중심적이며 자기 나름의 이해로 인해 배려를 하기 때문이다.

우리국민과 외국인의 시가 차이

외국인이 바라보는 시각과 한국인이 바라보는 시각은 큰 차이가 있다. 예를 들어 불쌍한 사람이 있다 하면 외국인의 경우 그 사람의 모든 것을 중간 진행단계에서 바라본다. 무언가 있을 거야라는 기대심리, 이는 방관의 이유가 된다. 하지만 우리 국민은 가족 같은 수준으로 안쓰러워하고 왜 저렇게 살까 하며 걱정한다. 이러함이 지나쳐 마술사들이 공연하는 공연장에서는 이놈이 나를 어떻게 속이는지 관심 있게 지켜본다. 이는 진한 관심이며 애착이다. 지금의 우리가 나쁘다고 하는 것은 돈에 초점이 맞춰져 있기에 또한 외국 문화의 여파가 너무 많이 자리 잡고 있기에 가려져 있는 것이다. 모든 것에는 더 크고 더 위대한 인간만의 승리인 성인의 반열에 들어서 있는 이들이 대한민국 국민이며 세계를 통틀어 순번을 매긴다면 당연한 1등 국민이다.

자존감의 의미

자존감이란 책임감의 발현이자 자신이 만들어 가야 하는 것이지만 그리 간단치가 않다. 이는 국가가 발전한다 해서 만들어지는 것이 아니며 개인 생활이 윤택하다 해서 만들어지는 것 또한 아니다. 자존감은 우리의 뿌리에 대한 긍지가 보여질 때 개인들이 책임감을 갖기 시작하고, 책임감을 갖는다는 것이 발현되어 자존감으로 발전하는 것이다. 이러한 책임감으로 가정을 책임지며 발전시켜 나갈 수 있으나 지금의 우리 사회를 이끌고 나갈 수는 없다. 이는 우리 것에 대한 위대함이나 훌륭함이 외국 문명에 눌려서 인식이 되질 않기 때문이다. 흔히들 세상을 바꾸어야 한다는 말을 하지만 세상은 바꾸는 것이 아니고, 옛것의 역사를 현 시점에서 설계 또는 보완하여 이끌어 나가야 하는 것이다. 그리하여 자존감이 있는 현실로 또는 우리의 것으로 세계화를 이루어야 한다.

우리 역사의 흐름은 완성을 위한 흐름이다

우리는 과거에 머물러서도 안 되고 현재에 머물러서도 안 된다. 과거 우리의 삶은 인간의 삶의 방식을 답습했고, 그만큼 우리의 삶이 소중하고 귀하기 때문에 많은 시간을 외국 문물을 들이지 아니 하면서 지켜왔다. 그로 인하여 어려움과 슬픔의 역경은 그 수를 헤아릴 수 없이 많았으나 이를 이겨내고 우리의 역사를 지켜 왔다. 이제는 우리의 삶의 방식을 옛것에 비추어 지금의 현재와 어우러진 모습으로 지향해 나가는 새 시대를 열어야 한다.

우리 역사의 단합과 내분에 관하여

우리의 역사를 바라보면 힘이 강한 시기이든, 초라하고 힘이 없는 시기이든 간에 내분 없이 단합이 잘 되었을 때에는 어떠한 어려움이 온다고 하여도 잠깐의 힘듦은 있을 수 있으나 해결함에 있어 막힘이 없었다. 허나 내분이 일어나고 단합이 안 될 때는 아무리 강한 힘을 가지고 있다 한들 그 힘을 발휘 못하고 주저앉고 만다. 우리의 역사는 항상 이것의 연속선상에서 흥망성쇠를 이루어 왔음을 잊지 말아야 할 것이다.

우리 민족이 나아갈 길

우리나라가 큰 틀 속에서는 뼈대를 관장하는 공업, 어업, 임업, 농업, 모든 것들을 심사숙고하여 우리 민족의 얼과 적용을 하여 그것을 지니고 살아야 개인은 가정을 이룸에 집안을 잘 다스려 일가를 이루어 우리나라에 퍼져있는 것부터 시작하여 지구 전체에 존재하는 모든 상품에 대해 적성에 맞는 일을 찾아서 일가를 이룬 집안의 가업으로 대를 이어나감이 우리 민족의 미래의 살길이다

국민성의 실과 득

우리 국민의 옛 정서는 이렇다. 대부분 어떤 것이 좋다고 하면 다른 부분의 안 좋은 점이 조금 있음을 알면서도 상대방이 미안해할까 봐 그냥 믿어주는 경우가 많다. 처음 믿는 마음이 비록 손해라고 해도 당사자의 설명이 있든가 소명이 있을 시에는 더 기다려주는 마음을 갖는다. 이것이 우리민족의 정과 측은지심의 일환이라 말할 수 있을 것이다. 또한 팔랑귀의 현실인 '어쩌면 아닐 수도 있어'가 긍정으로 뇌리에 자리 잡는다. 그것을 이용하여 이익으로 몰고 가는 사기꾼들의 상황과 현실을 살펴보지 않고, 스스로 긍정하며 자기의 어려움을 같이 타개해 나가는 방법으로 해결하려 한다. 이것은 우리 민족의 정의 문화이긴 하지만 처음 느낌에 대한 기대심리의 현상이다. 그 현상을 또다시 느끼고 싶은 바람이 많이 작용했다 할 것이다. 이렇듯 우리 국민은 기다려주는 민족이며 조금의 손해는 감수할 줄 아는 민족이다. 허나 지금의 이기심은 개척하려는 오랜 시간의 변화 속에서 더 이상은 안 당한다는 명제 하에 실속 없이 나서는 것을 조심하는 현상이 발현되고 있다. 이것이 극도의 이기주의로까지 도달하게 된다. 중간을 찾아야 한다.

뭉쳐야 사는 민족

옛부터 우리는 하나의 틀 속에서 뭉쳐서 살았던 민족이다. 그 처음은 짐승을 사냥하며 살았던 원시 시절 맹수나 다른 무리로부터 가족을 지키기 위한 울타리를 만드는 일로 인해 우리라는 개념이 생겨나고, 열악한 사냥도구는 맹수를 감당하기 버거웠기에 가족 또는 여러 사람을 뭉치게 하여 사회를 발전시켜 왔다. 시간이 흐름으로 국가라는 개념을 싹트게 하였다. 이런 행동이 몸에 배어있기에 가족이라는 중요함을 느끼며 뭉쳐 살아 왔지만 지금 현실은 바쁜 삶을 살아가면서 과거를 잊고 산다. 하지만 몸에 각인되어 배어있는 나의 행동과 말 속에는 자기도 모르게 회상하며 본능적으로 움직인다. 이는 인간이 경제 발전을 이루어 개인주의가 팽배한 지금에도 말과 행동에는 가족의 그리움이 젖어있다.(지금 현실에 위대한 지도자가 없는 것은 뿌리가 약하기 때문이다.)

우리 민족의 기틀에서 외세의 문물을 인용해야 한다

남을 이기기 위해서는 자기가 자신 있는 판으로 끌고 오면 그 판은 더욱 더 자신이 있다. 문화도 애정표현도 외국의 판을 짜놓고 한국의 특성을 유지하려고 하는 것은 스스로 어려움을 자초하는 것과 같다. 서로가 어우러져 문화의 교류를 하는 것은 꼭 필요하다. 하지만 우리 정서에 맞는 좋은 것을 취하려 하지 않기에 혼돈이 생긴다.

대한민국을 지켜가는 우리의 후학들에게 고하느니 옛것이 현실에 쓸모없을 수는 있어도 필요 없는 것이 아님을 알아야 한다. 어떠한 실패나 안 좋은 것이라도 그 시대에 또는 현세의 교훈을 갖고 조화로운 방법을 모색 접목하여야 한다. 우리만의 문화와 오랜 역사의 시행착오 경험을 토대로 완성을 이루어 우리 민족의 홍익인간 정신인 만인을 이롭게 하는 사회를 만들어 주기를 바란다. 나쁘다 하여 배척하지 말며 좋다고 하여 너무 선호하지 마라.

호기심으로 이루는 과학은

호기심과 끈질긴 과학실험 속에서 경제의 눈부신 발전을 이루지만, 이는 이익을 추구해야만 하는 집단과 마주하게 될 수밖에 없다. 이로 인한 결과는 탐욕과 전쟁으로 비참하게 흐를 수 있는 것이다. 그래서 브레이크가 필요하며 예법이 필요하다.

동물, 인간, 사람, 변천과정에 우리는 얼만큼 왔는가

우리 민족의 어려움은 지금 현실에도 계속되어 간다. 이 말은 일본 침략을 시작으로 해서 미국의 문화 침략까지를 말함이다. 일본의 말살정책은 너무도 무서운 침략이다. 허나 우리는 그것을 거부하려는 마음이 생기는 원인이 있다. 나라를 빼앗겼다는 것이다. 정신이 깨어있거나 긴장한 상태에서는 몸을 정복하기란 어려운 현실이다. 뺏으려고 보이는 이들에게는 안 뺏기려고 누구나 반발한다는 말이다. 허나 도와주는 이에게 뺏기는 것은 당연하다. 우리는 미국에게 뺏긴다는 생각이 아예 없다. 우리의 민족 생리 상 더욱 동조를 하려하는 미풍양속이 있다. 도와준 이에 대한 고마움의 표현이다. 허나 우리는 그것이 우리에게 큰 단점이라는 것을 알아야 한다. 또한 큰 장점이기도 하고 어떻게 쓰냐에 따라 달라짐은 우리가 하기에 달렸다. 칼을 가지고 살인을 하면 나쁜 칼이 되고, 고기를 썰어 모든 이에게 맛난 음식을 만들면 훌륭한 칼이 되듯이, 모든 일에는 장단점을 동시에 가지고 있음을 잊고 있는 것이다.

우리 민족의 치우침이란 역사가 이야기하듯이 당쟁과 편가르기에 의해 숱한 곤욕을 치룬 민족이다. 지금의 현실 또한 다를 바가 없다. 옛 조상들의 습관과 문화를 어떠한 식으로 승화시키며 퇴색시켜야 하는지, 어떤 단점과 장점을 두드러지게 부각시켜야하는지에 대해 우리는 고민해야 한다. 고민을 하지 않았기에 사회는 물론이고 가정 속에는 고부간의 갈등 가정의 불행이 심화되어가고 있는 것이다.

모든 일에는 원인이 없는 것이 없다. 원인 없는 결과란 있을 수 없듯이 우리 국민들은 모든 현실에 앞서 원인을 먼저 생각하여야 한다. 이것이야말로 지금의 비정하고 흔들리는 대한민국을 바로잡을 수 있는 비방일 것이다. 그러면 우리가 이렇게 가면 어떻게 될 것인가에 대해 조금 생각해 보자. 이기심의 극한에 치달아 부모를 안 모실 것이며, 나라는 전쟁이 나면 다른 나라로 도망갈 것이다. 또한 대한민국 땅덩어리는 편리하면 살고 편리하지 않으면 이민 가고 하는 현실에 봉착한다. 그나마 머리를 쓴다는 사람들은 예전부터 외국 국적을 가지려고 애를 쓰며 이민의 길을 선택한 이들이 무수히 많다. 정치인들의 혼돈이 이러한 일에 큰 몫을 담당한 것에 대해서는 말이 필요 없을 것이다. 우리 민족의 느림, 느긋함, 이러한 아름다움이 빨리빨리로 인해 엄청난 손상을 입었으며, 그 대가로는 엄청난 발전을 해온 것은 부인할 수 없는 사실인 것이다. 허나 모든 일에는 양면성이 존재하듯이 하나만 두드러지면 분명 다른 하나는 죽어가고 있음을 알아야 한다. 우리의 양적 풍요를 위해 우리의 질적 향상은 너무나 저조하여 병이 들어 지금에는 죽음을 바라보고 있는 현실이다. 이 시점에서 또다시 양적 행복에 박차를 가한다면 우리는 영영 질적인 향상은 없어질 것이다. 지금 이 시기 모든 이에게 정신들 차리라는 하늘의 목소리에 귀를 기울여야 한다. 언제 우리가 부모가 자식을 죽이고, 언제 우리가 자식이 부모를 죽이는 일이 가능했단 말인가. 그렇다고 예전에는 이러한 불상사가 한 건도 없었다는 것은 아니다. 허나 이럴 수가, 와 그럴 수도, 는 엄청난 충격과 당연하다의 변화이기에 우리가 이제는 질적인 모습으로의 삶을 살아내야 한다.

선물은 마음의 표현이기에 받는 사람을 알아야 한다

선물은 마음의 표현이기에 그 사람을 알지 못하면 그 사람에게 맞는 선물을 할 수가 없다. 부모 또한 평생 키운 자식이라도 관심과 애정의 훈육을 하지 않았다면 부모가 잘 알 거라는 생각은 오류다. 이는 부모가 자기 삶에 빗대어 편한 쪽으로 믿음과 신뢰를 갖는다는 것이 문제이며 더욱이 우리 사회가 한 쪽 방향으로 성공한 기준만을 보여주는 것은 국민의 더 큰 혼란을 야기 시킬 뿐이다.

어려움을 극복해야 할 인간의 삶

인간은 어떠한 삶을 살아야 하는가. 동물과 인간과 사람의 과정을 지내야만 하는 필연적인 인생이다. 허나 욕심만이 나오는 어린 시절에 동물적인 감각과 마음으로 자기 배만 부르면 된다는 생각에 사로잡혀 살다 보면 분별이 없어서 모든 이들을 격분하게 한다. 이러한 과정을 지나서 인간의 모습을 만들어 가는데 말 그대로 사람과 동물의 중간 단계인 인간이라는 모습에서는 약간의 이해와 남의 어려움 또는 배려가 묻어나는 시기이다. 사회 현실은 지금의 어른들을 인간으로 사는 단계까지만 고난과 역경으로 인해 가르쳐주었다. 그러므로 우리의 부모들이 툭하면 나는 저 놈하고 안 살아, 내가 무엇이 아쉬워서 저 놈에게 의지를 하겠어, 라는 말을 하는 것은 절대적으로 아쉬워서 하는 이야기들이다. 너무 아쉽고 간절하기에 그 말로 위로한다. 이러한 행동을 하는 우리의 부모들을 들여다 보면 젊은 시절 먹을 것을 못 드시고 아껴가며 내 자식만은 고생을 안 시키겠다는 일념 하에 너무 많은 고생을 이겨내신 분들이다. 이때는 나라 또한 못 살아서 더욱 등골이 욱신하는 시절의 힘들음을 몸 하나로 이겨내시며 살아오신 것이다.

모든 인간은 노력한 것에 대한 결실을 얻으려 하는 것은 당연하다. 부모가 열심히 키운 자식에게 효도를 바라는 것은 당연한 것이며, 내 마음을 알아주기를 바라는 것은 너무나도 당연한 것이다. 허나 여기서 안타까운 것은 자식에게 외적인 사랑과 보여지는 부성에 관해 신경을 다 쓰지 못하였다는 것이다. 그것이 지금의 불협화음을 만들고 지금의 현실을 만들었다는 것이다. 이것은 그 분들의 잘못이 아니다. 시대가 그것을 요구했으며 그것을 추구하게 만들었다. 더 나은 미래를 위해 우리 지식들의 나은 삶을 위한 염원이었던 것이다. 이러한 부모님들에게는 자식의 작은 말 한마디라도 너무 가슴에 큰 아픔으로 다가오기에 자식에게 어깃장 내지는 객기를 부리는 것이다. 이에 어떠한 이도 돌을 던질 수가 없음이다.

지식인의 운명

우리 역사는 왕권 정치를 하는 이들이 백성을 가지고 노는 역사이다. 그러기에 안다고 하는 이들은 백성들의 골을 빼먹고, 그나마 초야에 묻혀 사는 선비나 무녀 무당들이 민초들의 길잡이가 되어 백성의 무색함과 순박함을 지켜왔다. 지금 우리는 그나마 이치를 공부하는 사람들의 일부는 정치나 학자로 일부 빠지고, 남은 이들이 도사로 치부를 당하며 20세기를 살아왔다. 이들에 대한 견제는 21세기에도 남아있어 세상을 아는 이를 우리들은 맞춰봐 하고 조롱한다. 그래서 맞추지 못하면 사이비이고 어디서 주워들은 소리로 때려 맞춘다고 확정 짓는다. 이러한 병폐는 우리 역사에서 내려온 것이며 그나마 진실을 이야기하면 혹시 점쟁이가 아닌가 하여 기대를 갖고 자기의 운명을 물어보기 시작한다. 그것을 가르치려 노력하면 무당으로 치부되든가 아니면 도사로 치부된다. 이는 자기의 노력은 안 하고 옛날의 타성에 젖어서 자기의 못난 점을 감추려는 것이다. 이러한 일들은 보릿고개를 넘는 부모 세대에서는 더욱 활성화 되며 단단해진다. 그것이 곧 정치인들의 기득권이 되어 자기들의 배를 불리는 어리석음으로 다가오며, 나아가서는 그러한 어리석음을 유지하기 위해 백성들을 기만 선동 조롱한다. 인재가 나타나면 채가려고 애를 쓰다가 못 채가면 노인을 만들고, 그 중 이설픈 지식인들은 돈에 타협하고 명예라는 이름 하에 자기의 정신을 팔아먹는다.

대의와 소의로 인한 잘못된 정당성에 관해

대의를 위해 소를 희생한다는 큰 뜻의 명제가 주어지면 은근 슬쩍 자기의 주관적인 생각을 끼워 넣어 자기의 목적만을 달성하기 위해 물불 안 가리고 뛰는 이들이 있다. 자기는 합당했으며 자기의 선택이 옳았음을 스스로 자화자찬 하며 당당할지는 모르지만, 자기로 인해 쓰러져야 했던 모든 이의 아픔을 무시해 버리는 만행을 자연스럽게 저질렀음을 인지해야 한다. 이러한 세력들은 정당성을 빙자하여 만인에게 무차별 폭력을 휘두르는 것과 다를 바가 없으므로 우리 사회의 많은 이질감을 갖게 한다. 그러므로 큰 뜻이라 함은 우리가 변화하는 것을 못 느끼는 곳에 역점을 두어야 하는 것이며, 자연 공기 햇빛과 같이 모두가 공유할 수 있음에 역점을 두어야 할 것이다.

진리를 향해 가는 길

우리의 현실에는 해답이 없는 것도 아니고 해답이 있는 것도 아니다. 단지 우리가 추구해야 할 목표인 진리 속에서 여러 가지 뜻이 있을 뿐이다. 예를 들면 우리가 등반의 목표로 한 산이 있다고 하자. 그 산을 올라가기 위해 길을 가다가 대로이든 소로이든 또한 자기가 헤집고 올라가는 길이든 간에 얻어 걸린 길이 있을 것이다. 이것은 자기가 선택하여야 할 마음인 것이다. 때로는 여러 길을 본다면 여러 가지의 마음이 생길 것이다. 이러한 현실은 자기 삶의 과정에서 오는데 과정을 즐길 줄 아는 이는 하나의 길이 보일 것이며 즐기지 못하는 이는 가다 보면 여러 개의 길을 만나게 될 것이다. 이렇듯 여러 개의 길이 나타난다면 삶을 불안과 불평으로 살아온 삶일 것이다. 그나마 두 길이 나와 한 길을 선택해야 했을 때에도 마음에 갈등이 생겨 선택하기가 어렵다. 그러니 분명한 것은 길은 하나가 아니지만 꼭대기는 하나인 것이기에 어느 쪽으로 올라가든 작은 힘들음의 느낌과 큰 힘들음의 느낌의 차이가 있을 뿐이다. 결국 정상에 도착하는 시간이 정해져 있지 않고 세월은 많이 남아 있기에 여유로울 수 있다는 것이다. 단 위를 향해 올라가려 하는 마음이 있다면 말이다. 태산이 높다하되 하늘 아래 뫼이로다. 오르고 또 오르면 못 오를리 없건만 사람이 제 아니 오르고 뫼만 높다 하더라.

새치는 인간의 발효

검은 머리가 파뿌리가 될 때까지 사세요. 라는 말은 그때까지는 노력하며 살고 그 이후에는 마음이 가는대로 살아도 크게 어긋남이 없다는 말과 같으며 머리칼에 새치가 나오고 있다는 것은 인간의 발효가 시작되었다는 것과 같다.